KB074218

무례한 사람들의 말에
말려들지 않는 법

막힌 말문을
시원하게 뚫어주는
결정적인 한 방

미하엘 엘러스 지음 | 이지혜 옮김

무례한 사람들의 말에   말려들지 않는 법

로그인

친애하는 독자 여러분께

당신도 경험해본 적이 있는가? 말 그대로 '할 말을 잃어버린' 당황스럽고 황당한 상황들 말이다. 부당한 대우를 받고도 말문이 막혀 항의조차 못해본 적은? 당신 생각은 전혀 다른데 주변 사람들과 분위기 때문에 선뜻 말을 꺼내지 못한 적은? 누군가와 다툰 뒤 화해하고 싶은데 어떻게 말을 꺼내야 할지 몰라 고민했던 순간은? 의외의 순간에 상대에게 뜬금없이 외모 지적을 받았던 경험은?

나 역시 이 모든 상황을 경험했고, 지금도 겪고 있다. 그러나 오랫동안 의사소통 트레이너로 일해온 덕에 다른 사람들에 비해 좀 더 유연한 대처가 가능하고, 무엇보다 무례한 사람들에게서 벗어날 수 있는 몇 가지 비결을 알고 있다.

이 책에는 누구든 겪을 수 있는 50가지 사례를 중심으로 의사소통이 벽에 부딪히거나 뜻밖의 상황이 발생했을 때 할 수 있는 적절한 말, 무엇보다 그 순간에 딱 필요한 말을 찾아내는 데 도움을 주는 효과적이고 다양한 전략들이 소개되어 있다. 당신은 50가지 상황을 통해 위기의 순간에서 벗어나는 지혜와 더불어 재치 있게 상황을 끝낼 수 있는 신선한 언어 자극을 얻게 될 것이다.

한마디로 이 책은 성공적인 의사소통을 위한 미니 공구함이다. 내가 제시하고 제안하는 공구들을 이용해 다양한 훈련을 하다 보면 대화에도 원칙과 기술이 있다는 사실을 깨닫게 될 것이다. 상대의 말에 휘둘리지 않는 법부터 단호하면서도 확실하게 마음을 드러내는 법, 그리고 상대의 심리를 자극하는 방법까지 함께 담았으니 유용하게 활용하길 바란다.

나는 재밌게 살고 싶은 사람이다. 특히 누군가를 만나 일상을 공유하고 마음 담긴 대화를 나눌 때 가장 재밌고 즐겁다. 이 행복한 순간에 솔직함이라는 이름으로 가장한 무례는 들어오지 않았으면 좋겠다. 예고 없이 선을 넘어오는 행위도 허락하고 싶지 않다. 바라건대, 무례한 상대에게 당신이 날리는 한마디가 이 책에서 얻은 영감이 바탕이 된다면 더 없이 기쁘겠다. 모쪼록 즐거운 독서가 되길 기대한다.

_미하엘 엘러스

차례

1장

•••

2장

●●●

3장

•••

4장

●●●

1장

. . .

모든 게 엉망진창이야!

· · ·

징징이와 투덜이의 입을 막는 법

누군가의 어깨에 기대거나 가슴에 안겨 한탄 섞인 속마음을 늘어놓을 수 있다는 것은 매우 다행한 일로, 이러고 나면 마음이 무척이나 후련해진다. 적어도 한탄하는 쪽에게는 그렇다. 그러나 끝없이 반복되는 한탄은 사람을 피곤하고 짜증스럽게 만든다. 이는 결과적으로 양쪽 모두에게 해로운 일로, 직장생활에서는 스트레스가 되고 사생활에서는 그야말로 인간관계에 독으로 작용할 수 있다. 누군가의 감정 쓰레기통이 되고 싶지 않은 것은 다 같은 마음 아니겠는가? 그렇다면 이런 '징징이'와 '투덜이'들을 피하려면 어떻게 해야 할까?

내 전 직장 동료였던 카트린도 이런 부류에 속했다. 그 자체로는 매우 좋은 사람이었지만 어쩌다 마주치기라도 하면 꼭 불평을 쏟아냈다. 그중에서도 카트린이 가장 사랑하는 주제는 날씨였다. 카트린에게 좋은 날씨란 존재하지 않는 것 같았다. 개인적으로 나는 쌀쌀한 가을날이나 진눈깨비가 내리는 날, 습하고 추운 날씨 정도를 '나쁜 날씨'라고 하는 데 이견이 없다. 야외활동도 그다지 즐기지 않는 편이라 이 점에 있어서는 카트린과 그런대로 생각이 비슷했다.

그러나 카트린에게는 무더운 날이 지나치게 많다는 것이 문제였다. 카트린은 매일 더워 죽었다. 여름날 기온이 22도까지만 올라가도 견디기 힘든 폭염이라며 불만을 쏟아냈다. 나는 가끔 카트린이 더워 죽겠다는 불평을 터뜨릴 날만 학수고대하며 겨울과 봄을 나는 게 아닐까 하는 의심이 들 정도였다. 사무실이 찜통이라 일을 제대로 할 수 없고, 더워서 밤새 잠을 설쳤다고도 했다. 어쩌다 마음에 드는 날이면 꽃가루가 말썽이었다. 물어볼 것도 없이 카트린에게는 꽃가루 알레르기가 있었다.

날씨에 대한 카트린의 불평이 절정에 다다른 것은 더 할 나위 없이 화창하고 맑은 어느 초여름 날이었다. 부드러운 공기가 살결을 어루만지고 기온은 딱 적당하다고 느껴질 정도로 온화했다. 마침 그와 약속이 잡혀 있던 나는 아무리 카트린이라도 그날은 불만이 없을 거라고, 아니 불만이 있을 수가 없다고 확신했다. 그러나 그건 나만의 기대였다. 까다롭기 짝이 없으신 이 날씨요정께서는 나들이하기 딱 좋은, 징그럽게 화창한 이런 날에는 단 한 발짝도 문 밖으로 나가고 싶지 않다고 떠들어댔다. 가는 곳마다 사람이 바글거리고 공원 벤치나 카페에 가도 빈자리를 찾을 수 없다는 게 이유였다. 정말이지 끔찍하기 짝이 없다니까요!

그 말을 듣는 순간 느긋한 기분이 싹 가셔 버렸다. 진짜 끔찍한 쪽은 주변을 가득 채운 명랑한 사람들이 아니라 나의 즐거운 오후를 망쳐 버린 카트린이었다. 두 번 다시 그런 일을 겪고 싶지 않았던 나는 그녀와의 다음 만남을 미리 대비하기로 했다.

불평의 세 가지 종류

편안하지 않은 몸과 마음의 상태를 겉으로 드러내는 것은 나쁜 행동이 아니다. 그 누구도 타인이 쏟아놓는 슬픔이나 중대한 걱정거리를 불평불만으로 폄하할 권리는 없으며, 그렇게 하고 싶어 하는 사람도 없을 것이다. 그런데 주변 사람들을 짜증스럽게 만드는 '근거 없는' 불평의 이면을 들여다보면 그 사람에게 중요한 동기가 숨어 있다는 사실을 알 수 있다. 이를 간파하면 투덜이와 징징이들로 하여금 이 고약한 '취미'를 버리거나 그들의 진짜 문제에 관해 이야기하도록 유도할 수 있다.

불평은 크게 세 가지로 나눌 수 있다. 도움을 요청하기 위한 불평, 자기 보호를 위한 불평, 그리고 마지막으로 공동체 의식을 위한 불평이다.

❙ 도움을 요청하기 위한 불평

사소한 문제를 가지고 끊임없이 하소연하거나 투덜대는 사람은 누군가의 주의나 애정을 갈구하고 있는 중이다. 하지만 원인이 눈에 보임에도 문제를 해결하기는 어렵다. 그 불평이 다른 사람들을 짜증스럽게 만들고 있기 때문이다.

II 자기 보호를 위한 불평

불평하기 좋아하는 누군가가 멋진 집을 소유하고 있다면 그 집에 대한 부러움을 표현해보라. 당신의 말이 끝나기도 전에 그는 부지를 관리하는 데 얼마나 많은 시간과 노동이 들어가는지, 세금은 얼마나 많이 내는지, 집을 보수할 때 믿을 만한 업자를 구하는 일은 또 얼마나 어려운지 장광설을 풀어놓을 것이다. 이 원수 같은 집 한 채가 여간 골치를 썩여야 말이지! 이 때 부러움의 대상인 그는 불평을 통해 자신을 향할지 모를 시샘이나 여타 부정적인 반응을 피하려는 것이다.

III 공동체 의식을 위한 불평

공동체가 좋은 이유는 안락함과 안전감을 주기 때문이다. 문제는 공동체를 이용해 타인에 대한 험담이나 하소연을 하는 경우다. 이 과정에서 자신은 물론 다른 사람을 부정적인 소용돌이로 몰아넣을 수 있다. 과도한 업무에 대해 입버릇처럼 불평을 늘어놓는 사람은 자신의 생산성은 물론 동료의 생산성까지 저하시킨다.

안타깝게도 투덜이와 징징이들의 고질적인 불평불만에 제동을 거는 건 무척이나 어려운 일이다. 가장 큰 이유는 그들이 이미 불평불만을 이용해 안락함을 구축해두었기 때문이다. 하지만 불평을 멈추게 만드는 전략은 있다. 지금부터 소개하는 전략들을 잘 활용하면 징징이와 투덜이들에게 휘말리는 불행이 줄어들 것이다.

불평불만이 일상인 사람을 대응하는 세 가지 방법

Ⅰ 거리 두기

말 그대로 그 사람과 멀찍이 떨어지는 것이다. 양해를 구하고 조용한 장소로 피하라. 가장 좋은 방법은 밖으로 나가는 것이다. 그러고는 무엇이 되었든 기분 좋은 상상을 하라. 당신에게는 당신의 스트레스가 더 중요하다. 상대의 한탄을 듣고 있는 것만으로도 스트레스가 가중된다. 이는 당신의 면역 체계를 약화시키고 수면 장애를 일으킬 수 있다. 상대방이 자기 스트레스에 빠져 익사하든 말든 내버려두라.

Ⅱ 책임 전가

그럼에도 여전히 당신을 붙잡고 세상이 얼마나 엉망진창인지 떠들어댄다면 "자, 그래서 해결책이 뭔데요?"라거나 "그래서 어떻게 하고 싶은 거죠?"라고 물어보라. 그러면 잠시나마 불만의 폭포수가 그치는 순간이 올 것이다. 불평불만을 늘어놓는 사람은 대개 해결책에는 관심이 없다. 그리고 이런 직접적인 압박은 고맙게도, 상대가 자신이 처해 있는 실질적인 문제나 인지하고 있는 위험에 대한 해결책을 찾도록 도와준다.

Ⅲ 반격

마지막 전략은 상황에 동참해 상대보다 더 큰 호들갑을 떠는 것이다. 상대가 당신을 붙잡고 했던 말을 반복하며 다른 직원들의 수준이 낮다고 불평하는가? 그렇다면 기꺼이 그에게 동조해주어라. 침을 튀기며 누군가의 애기를 떠벌리고 있는가? 역시나 험담에 동참해주어라. 불평을 늘어놓던 상대방이 더 이상 진지하게 받아들일 수 없을 때까지 자기연민과 불만을 한껏 쏟아놓으라. 이를 통해 당신이 그의 불평불만을 심각하게 여기고 있지 않다는 것을 깨닫게 해주어라. 상대방이 즐겨 사용하는 불평거리를 알고 있다면 그에 알맞은 이야깃거리를 미리 생각해두는 것도 방법이다. 이렇게 하면 재미도 있을뿐더러 거북한 화제를 긍정적인 무언가와 연결 지을 수 있다.

더하여

· · ·

그날 나는 세 번째 방법을 사용해 날씨요정 카트린을 침묵하게 만들었을 뿐만 아니라 문제는 날씨가 아닌 그녀에게 있었음을 일깨워주었다.

"봄바람이 끔찍하리만치 보드랍군요. 체온과 딱 맞는 바람의 온도가 살갗을 할퀴는 게 불쾌해서 참을 수 없어요. 게다가 저 망할 놈의 해란 녀석은 햇볕을 내보낼 것인지 구름 뒤로 숨어 버릴 것인지도 결정 못하고 갈팡질팡하는 꼴이라니. 이렇게 혐오스러운 날씨가 있나……."

그 순간 카트린의 얼굴에 스치던 떨떠름한 표정이 나는 아직도 생생하다.

넌 내게 모욕감을 줬어

. . .

남의 외모를 평가하는 사람에게

광고판은 물론 버스 정류장, 잡지, 개인 SNS를 가득 채운 아름답고 완벽한 미모의 여성들과 근육질 남성들은 우리에게 매일 속삭인다. "당신도 나처럼 아름다워질 수 있어요." "한 달만 투자하면 당신도 완벽한 몸매로 거듭날 수 있다고요."

나는 이런 조악한 광고 문구들에 현혹될 만한 신체 조건을 갖추지 못했다. 허리둘레가 표준이라고 우기기에는 키가 몇 센티미터쯤 모자라다. 이따금 축구장에서 열심히 뛰어보지만 안타깝게도 축구에 대한 열정이 먹고 마시는 것에 대한 열정을 누른 적은 한 번도 없다. 이런 현실을 스스로 아주 잘 자각하고 있음에도 얇은 귀를 가진 탓에 나는 번번이 광고의 덫에 걸려들고 만다.

18

몇 년 전 휴가지에서 옷가게에 들렀을 때의 일이다. 남성용 수영복 하나가 말 그대로 내 가슴에 꽂혔다. 사실 번들거리는 재질에 이탈리아 풍, 게다가 딱 붙는 디자인이라 동네 수영장에서 입기에는 다소 무리가 있었다. 심지어 보라색이었다. 그러나 근육질 몸매의 마네킹이 그 수영복을 입고 있는 모습은 정말이지 멋졌다. 아닌 걸 알면서도 자리를 뜰 수가 없었다. 가게 근처를 자꾸 맴돌고 있으니 보다 못한 아내가 볼썽사납다며 그냥 들어가서 사라고 했다. 아내도 허락했겠다, 나는 고분고분 비싼 값을 치르고 수영복을 샀다.

그렇게 획득한 전리품을 입은 날, 나는 그 가격만큼이나 비싼 대가를 또 한 번 치러야 했다. 오해하지 마시라. 나는 수영복을 입은 내 모습이 꽤나 마음에 들었다. 이것이 문제였다. 꽤나 마음에 든 나머지 더 이상 입을 수 없을 때까지 입고 다녔다. 그러나 해변이나 수영장에 갈 때마다 비웃는 표정으로 바라보는 사람들의 시선을 견뎌야 했다. "그 수영복은 너 같은 못난이에게는 어울리지 않아!"라고 말하는 것 같았다. 이것이 내게는 한층 더 고집스레 그 수영복을 입게 만들었지만, 다른 이들에게는 깊은 수치심을 유발할 수도 있다. 이 일을 통해 나는 획일화된 문화에서 자행되는 보디 셰이밍Body shaming을 온몸으로 실감했다.

'보디셰이밍'은 외모만으로 특정한 사람을 모욕하거나 비하하는 행위를 가리킨다. 아주 최근에야 사용되기 시작한 개념이지만 그 배경이 된 현상은 매우 오래 전부터 있어 왔으며, 당신도 이런 경험을 해본 적이 한 번쯤은 있을 것이다. '복코'라거나 '배불뚝이'라거나 '빨간 머리'라는 식으로 말이다.

보디셰이밍이 발생하는 이유는 상대의 신체적 특징을 묘사하기 위해 쓰는 표현이 부정적인 특성과 연관 지어지는 탓이다. 이를 테면 '뚱보'들을 향한 손가락질이 대표적이다. 살찐 사람들은 게으르고 자기 관리에 소홀하며 (나처럼) 딱 붙는 보라색 수영복 따위를 입어서는 안 되는 사람들로 간주된다. 물론 반대의 경우도 있다. 누가 아주 말랐다고? 그렇다면 그 사람은 틀림없이 거식증이 있고 무척 예민한 사람일 거야. 금발머리가 매력적이라고? 그럼 보나마나 멍청이지. 예를 들자면 한도 끝도 없다. 보디셰이밍은 당하는 사람에게 어마어마한 상처가 되고, 심지어 트라우마를 남길 수도 있다는 점에서 큰 문제가 된다.

신체와 관련된 문제는 여기서 그치지 않는다. 세상에는 온갖 종류의 '셰이밍', 즉 수치심을 주는 행위가 존재한다. 인간이 지닌 거의 모든 특성과 특징이 공격의 대상이 될 수 있다. 외모뿐 아니라 나이, 피부색, 출신, 심지어 특정한 이름 같은 진부한 요소도 단골 소재로 등장한다.

그렇다면 사람들이 이런 행위를 하는 이유는 무엇일까? 보편적인 보디셰이밍과 셰이밍의 이면에는 복잡한 심리 현상, 그리고 매일 주입되고 각인된 사회적·신체적 평가 기준이 숨어 있다. 그리고 그 이면에서 무의식적인 현상이 벌어진다. 타인을 비하함으로써 자신이 우월하다고 느끼는 것이다. 심리학에서는 이런 행동을 평가절하라 부른다. 자아가치감을 강화하고 시기심이나 상실, 의존에 대한 두려움에 저항하기 위한 일종의 방어 메커니즘인 셈이다. 그렇다면 누군가에게 원치 않는 보디셰이밍을 당했을 때는 어떻게 하는 것이 좋을까?

보디셰이밍에 대응하기 위한 다섯 가지 전략

Ⅰ 동참하지 마라

보디셰이밍에 대응하기 위한 첫 번째 전략이자 가장 중요한 전략은 동참하지 않는 것이다. 여자 동료가 무슨 치마를 입었는지, 그가 휴가 기간 동안 살이 얼마나 쪘는지 빠졌는지는 당신과 전혀 상관없는 문제다. 일면식조차 없음에도 우리가 의식적으로든 무의식적으로든 끊임없이 평가하게 되는 낯선 사람의 경우에는 더더욱 그렇다.

Ⅱ 재기를 발휘하라

셰이밍의 대상이 되었을 때는 어떻게 해야 할까? 트위터에서는 여성들이 이와 관련된 해시태그를 달고 타인들이 외모에 관해 모욕적인 언행을 했을 때 어떻게 대응했는지, 혹은 어떻게 대응하고 싶었는지 저마다 대답을 내놓았다. 그 순간에 딱 맞는 재기를 발휘하거나 상대방에게 '총구'를 겨누는 대답들이 눈에 띄었다. 다만 이 경우에도 위험이 따르는데, 반격했다가 상황이 마무리되기는커녕 도리어 언쟁이 벌어질 수도 있다는 점이다. 그러므로 이 기술은 다툼도 불사할 수 있다는 확신이 들 때만 사용해야 하며, 이때도 감정적으로 반응하기보다는 차분하게 대응해야 한다.

Ⅲ 문제는 상대에게 있음을 유념하라

사실 문제는 당신이 아닌 상대방에게 있다. 이를 항상 자각하라. 당신을 모욕하려는 사람이 당신의 어떤 부분을 시기하고 있는지, 당신을 두려워하는 이유는 무엇인지, 어째서 당신에게 위협이나 불안감을 느끼는지 곱씹어보라. 특히 동료나 친구, 지인과의 문제라면 둘만 있는 자리에서 이 화제를 꺼내는 것이 도움이 된다.

IV 제지하라

제3자가 모욕당하는 광경을 목격했을 때는 이를 제지하라. 지나가는 투로 뭐가 문제인지, 당신이 도와줄 일은 없는지 묻는다면 모욕하던 가해자도 입을 다물 것이다.

V '나' 메시지를 사용하라

당신을 공격하는 사람과 대화할 때는 상대방의 언사가 당신에게 어떤 감정을 불러일으키는지 '나' 메시지를 사용하여 설명하라. "이런 자리에서 외모를 우스갯거리로 삼는 게 듣는 사람에게는 상처가 됩니다" 또는 "즐거운 자리에서 화를 내고 싶지 않군요" 등의 표현이 적절하다.

더하여

. . .

그 보라색 수영복은 얼마 뒤 수명을 다했고, 나는 새로운 수영복을 구입했다. 이번에는 더 화려한 빨간색으로. 역시나 이번에도 마음에 쏙 들었다.

괜찮으시다면
이렇게 말씀드리고 싶은데요

• • •

상대의 문화를 이해하는 법

휴양지에서 러시아인과 마주치면 한바탕 고역을 치른다고 한다. 뷔페에 가면 다 먹지도 못할 만큼의 음식을 접시에 쓸어 담고, 술을 마실 때면 자신의 주량을 훌쩍 넘기기 일쑤며, 그 와중에도 분위기를 띄우는 재주가 있어서 덜 취한 사람까지 휩쓸리게 만든다는 것이다. 독일 일간지 〈쥐트도이체 차이퉁〉이 언젠가 러시아 투숙객들이 조식 뷔페를 폐허로 만드는 모습에 대해 스탈린그라드 격전과 맞먹는 상황이라며 보도한 내용이다. 국적을 불문하고 눈살이 찌푸려지는 장면이다.

안타깝게도 나와 내 가족의 휴가에는 러시아인이 꼭 등장한다. 내 아내가 러시아인이기 때문이다. 북독일 출신으로 프랑켄 지역에 사는 나 미하엘이 '다문화 충돌의 장'이라는 주제에 관한 전문가가 된 이유도 여기에 있다. 아내를 통해 나는 서구인들의 눈에 투박하게만 보이는 러시아식 행동방식의 이면에 다른 무언가가 있음을 알게 되었다.

언젠가 아내의 동창생 집에 초대받았을 때의 일이다. 참고로 러시아인의 초대에는 항상 식사가 포함된다. 가볍게 차나 한 잔 하자고 불렀을 때도 마찬가지다. 그날의 메뉴는 내가 별로 좋아하지 않는 양고기였다. 예의상 나는 내 접시에 놓인 양고기 커틀릿을 다 먹었다. 그런데 다 먹기가 무섭게 접시에 또다시 양고기가 쌓이는 게 아닌가. 내가 먼저 항복하지 않았더라면 집주인과 나 사이의 눈치 게임은 끝나지 않았을 것이다. 음식이 목구멍까지 차오른 뒤에야 나는 조용히 포크를 내려놓았다. 초대받은 자리에서는 접시를 깨끗이 비우는 것이 예의라고 배웠던지라 주인에게 약간 미안한 마음이었다.

이튿날 아침, 아내가 깔깔 웃으며 말했다.

"여보, 러시아에서 손님이 접시를 비우는 건 더 먹고 싶다는 뜻이야!"

그러면서 접시에 음식을 약간 남기는 것이 초대한 사람에 대한 예의라고 덧붙였다. 어제 말해주지 않은 것이 살짝 화가 났지만 나도 모르게 올바른 행동을 한 셈이라 참았다. 러시아 사람들은 휴가지의 뷔페 식당에서도 예의범절을 실천하고 있었군!

하나의 행동방식을 보는 관점이 문화에 따라 다를 수 있음을 보여주는 사례다. 그래서 해외에 나갈 때는 가능한 그곳의 풍습을 익혀 두는 것이 좋다. '로마에 가면 로마법을 따르라'라는 말은 언제나 유효하다. 열린 자세와 호기심을 갖고 다음의 세 가지 원칙을 마음에 새길 것을 권한다.

상대의 문화를 이해하는 세 가지 방법

ㅣ 그릇된 선입견을 품지 마라

상대방의 행동과 동기를 종종 잘못 해석하는 경우가 있다. 가령 당신은 그저 어떤 주제에 관한 정보를 교환하려던 것뿐인데 상대방은 당신이 자신의 행동을 바꾸려 든다고 오해할 수 있다. 예컨대 당신이 이렇게 말했다고 가정해보자.

"독일에서는 쓰레기를 분리수거할 때 종이류를 파란색 통에 넣습니다. 박스를 버릴 때는 납작하게 접어서 넣으면 공간을 아낄 수 있고요."

상대방은 이 말을 이렇게 해석할 수 있다.

'댁은 미국인이라 이런 것을 알 리 없으니 내가 한 수 가르쳐주지. 다음 번에는 박스를 잘 접어서 버리라는 말이야!'

언어 장벽에 더해 몸짓이나 표정, 태도 등의 비언어 의사소통 수단, 말하는 속도와 어조, 목소리 크기 같은 유사언어도 한 몫 한다. 이를 테면 아랍인 나름의 질서정연한 토론을 서구인 입장에서는 다툼으로 오인하곤 한다. 아랍인들은 그저 보통의 독일인이나 오스트리아인에 비해 목소리가 조금 클 뿐이다.

다양한 상황에서 오해나 그릇된 선입견이 생기는 것을 피하려면 대화 또는 만남의 목적을 사전에 명확히 해두는 것이 좋다. 어떤 것에 관해 설명을 덧붙여도 괜찮은지 상대방에게 물어보는 것도 방법이다. 상대방에게 행동의 여지를 주는 표현 방식을 사용하라. 예를 들면 이런 식이다.

- "괜찮으시다면 잠깐 독일의 쓰레기 분리수거 방식에 관해 말씀드리고 싶어요."
- "저희는 정기적으로 모여 바비큐 파티를 해요. 참석 의무는 없지만 오신다면 언제나 환영이에요."

II 비속어를 쓰지 말고 가능하면 방언도 피하라

외국에서 온 손님이 우리말을 조금 한다 해도 "과실 칼로 물 한쪼가리 짤라 디리까예?"라고 물으면 알아들을 리 있겠는가? 심지어 나도 모국어 사투리를 알아듣지 못해 종종 구글에서 검색하곤 한다. 그러니 상대방이 당신의 모국어에 서툴다면 쉬운 문장을 써서 천천히, 그리고 가능한 표준어로 이야기하라. 어조와 표정도 말하는 내용과 어울려야 한다. 상대방의 말에 귀를 기울이고, 알아듣지 못했을 때는 상대방에게 재차 확인하라.

- "이 메일에 신속히 답장을 하셔야 합니다. 제 말 이해하셨어요?"
- "저녁 아홉 시에 만나요. 당신 집 앞으로 제가 데리러 갈게요. 아셨죠?"

III 고정관념과 상투어에 유의하라

나는 어떤 점에서는 전형적인 독일인일 수 있고, 또 어떤 점에서는 그렇지 않을지도 모른다. 상대방도 마찬가지다. 모든 면에서 전형적인 '프랑스인'이거나 전형적인 '미국인'인 사람은 없다.

모든 의사소통은 독립적이며 그때그때의 상황에 좌우된다. 인사할 때 양 볼에 네 번씩 입맞춤을 하는 브라질 여성을 만난 적이 있다고 해서 입맞춤을 네 번 하는 것이 브라질의 공식적인 인사법이라고 생각할 필요는 없다. 매 상황에서 스스로에게 '나는 지금 어떤 사람과 마주하고 있는가?'라는 질문을 던져라. '전형적인 이탈리아인', '전형적인 독일인'이 아닌 개인으로서의 상대방만 보아라.

더하여

· · ·

나와 아내가 처음 만났을 때 우리 둘은 바로 서로에게 호감을 느꼈다. 아내는 독일어나 영어를 거의 하지 못하는 상태였고, 나 역시 러시아어를 한마디도 할 수 없는 상태였지만 그럼에도 우리는 그날 서로의 마음을 확인했다. 서로를 향한 호감에 힘입어 단어 몇 개와 몸짓만으로도 충분했다. 아내와 내가 부부가 된 지 어느덧 20년이 흘렀고, 우리에게는 예쁜 두 딸이 있다. 당신도 타인의 관습을 존중하는 마음가짐과 열린 태도로 과감히 낯선 문화와 대면해보라.

잘 부탁드립니다
· · ·
부탁의 기술

세상에는 혼자 힘으로 할 수 없거나 하고 싶지 않은 일이 존재한다. 신체조건이 받쳐주지 않아 할 수 없는 일, 능력이나 시간이 부족해 할 수 없는 일이 그렇다. 다행히도 우리 주변에는 그 일을 하는 데 필요한 능력을 갖추거나 시간을 가진 사람이 있어 도움을 청할 수 있다. 몇 가지 규칙만 지킨다면 새로 산 옷장을 혼자 2층까지 올리거나 중고 드럼을 들고 먼 거리를 이동하지 않아도 된다. 나 같은 사람이 그 일을 대신 해줄 수도 있기 때문이다.

"뭐? 뭘 한다고?"

문제의 그날, 아내는 황당한 표정으로 나에게 물었다.

나는 다시 한번 정확하게 대답했다.

"트레펜도르프로 드럼을 가지러 간다고."

트레펜도르프는 백 명 남짓한 주민이 거주하는, 우리 집에서 45분 정도 떨어진 곳에 있는 동네였다.

"우리 집에는 드럼 연주하는 사람도 없고 놓을 자리도 없잖아."

아내는 영문을 모르겠다는 듯 해명을 요구하는 눈빛으로 나를 바라봤다.

"페이스북을 통해 알게 된 사람을 도와주려는 거야. 이베이 경매로 드럼을 구했는데 지금 가지러 가야 한대. 뮌헨에서 두 시간 반 거리를 와야 하는데, 당장 차도 없고 시간도 없다네."

"그래서 그 일을 당신이 대신 해주기로 했다고?!"

고백하건대, 지금 이렇게 이야기하면서도 나도 그날 일이 믿기지 않는다. 그러나 실제로 있었던 일이다. 그는 단도직입적으로 내게 부탁을 했고, 나는 그러겠다고 했다. 판매자에게 가서 드럼을 가져오는 데 그쳤으면 될 것을 구매자가 찾으러 올 때까지 우리 집 지하실에 보관해달라는 요청에도 응했다. 그렇다고 상대가 나를 꼬드겼다거나 은밀한 계략을 쓴 것도 아니다. 그저 내게 이런 메시지를 보낸 것이 전부였다.

'안녕하세요, 미하엘 씨. 저, 혹시 예전에 밤베르크에 살지 않으셨나요? 부탁 하나만 하고 싶어서요. 제가 아들에게 선물할 드럼을 경매로 구매했는데 문제가 생겼어요. 드럼이 그쪽 근처에 있는데 이번 주 내로 가져가야 한대요. 제가 당장 시간도 없고, 자동차도 없거든요. 저 대신 드럼을 가져와서 제가 가지러 갈 때까지 미하엘 씨 댁에 보관해주실 수 있을까요?'

인터넷으로 알게 된 그 친구는 다음에 나오는 부탁의 원칙을 알고 있었던 게 틀림없다. 짤막한 메시지에서 이 모든 원칙을 지킨 것만 봐도 그렇다.

부탁할 때 지켜야 할 다섯 가지 원칙

I 아부성 발언으로 시작하지 마라

'아부는 일단 물어보고 나서 하라'라는 영어권의 관용어가 있다. 이 기본 원칙은 어디서든 적용된다. 약간의 아부를 섞어 말문을 여는 게 더 효과적일 것이라 생각할 수도 있다. 하지만 내 생각은 다르다. 누군가 갑작스럽게 당신의 인생에 지대한 관심을 보이며 칭찬을 늘어놓으면 어떤 기분이 들겠는가? 온갖 칭찬의 말이 무언가를 부탁하기 위한 서문이었음이 드러나는 순간은? 처음에는 진심으로 보일지 모르지만 속셈이 드러나고 나면 그 사람은 정직하지 못하고 속임수나 쓰는 이로 간주되고 만다. 그러니 아부성 발언으로 부탁을 시작하지 마라.

II 단도직입적으로 명확하게 말하라

부탁의 이유도 간략하게 설명하라. 구구절절한 사정을 풀어놓거나 당신의 인생에 관한 설명은 나중에 해도 늦지 않다. 특히 직장생활에서는 지극히 실용적인 이유 때문에라도 반드시 이 원칙을 지켜야 한다. 회사에서 누군가에게 업무와 관련된 부탁을 한다는 것은 그 자체만으로 이미 상대방의 시간을 빼앗는 것이고 그의 업무를 방해하는 것이다. 간단명료한 것은 결코 무례한 태도가 아니며, 오히려 당신이 상대방의 시간을 귀중하게 여긴다는 사실을 보여준다. 그러니 곧장 물어보라. 긍정적인 대답이 돌아오면 감사의 말을 하고, 가망이 없다고 판단될 때는 더 이상의 부연 설명은 하지 않아도 된다.

Ⅲ 미련을 두지 마라

사실 부탁이 거절당하는 경우는 별로 없다. 부탁이라는 것이 애초에 쉽게 할 수 없는 것임을 누구나 알기 때문이다. 그럼에도 거절당하는 일은 벌어진다. 이때는 미련 없이 받아들여야 한다. 향후에도 상대방에게 이런저런 부탁할 일이 있을 때는 더더욱 이 원칙을 지켜야 한다. 한 번의 '아니오'를 수용함으로써 향후 한 번의 '예'를 수확할 가능성을 열어두었다고 생각하면 된다. 이런 식으로 말하면 좋다.

- "다음 주 금요일에 욕실 타일을 새로 깔 예정인데 도와줄 수 있어? 네가 나보다 능숙하니 말이야."
- "새 배송 건을 예약하려는데 도와주실 수 있나요? 이 일에 관해서는 ○○님이 가장 잘 알고 있으니 이번에만 가르쳐주시면 다음부터는 혼자 해볼게요."

Ⅳ 상대를 이용한다는 인상을 주지 마라

대부분의 사람들은 부탁을 거절하고 싶어 하지 않는다. 그러나 당신이 다른 사람들을 이용한다는 인상을 주어서는 안 된다. 주고받는 일의 균형이 유지되도록 하라. 그리고 정말로 필요할 경우에 한해서만 부탁하라.

Ⅴ 적절한 범위 내에서만 부탁하라

상대방을 난처하게 만들거나 거북한 상황을 야기할 수 있는 부탁은 결코 해서는 안 된다. 지금 당신이 하려는 부탁이 적절한 것인지 스스로에게 물어보라. 가령 딸의 일자리를 부탁하는 것과 딸의 전 남자친구의 누이의 친구의 인턴 자리를 부탁하는 것은 완전히 다르다. 스스로 판단이 서지 않을 때는 간단한 방법으로 테스트해보면 된다. 누군가 당신에게 그 부탁을 했을 때 너그럽게 수용할 수 있는지 자문해보면 된다.

더하여

. . .

오른쪽 귀가 더 잘 들린다. 주위 사람들이 뭔가를 부탁할 때는 특히 그렇다. 믿기지 않겠지만 증명된 사실이다. 그러니 부탁을 할 때는 꼭 상대방의 오른쪽 귀에 대고 말하라. 그러면 성공할 가능성이 좀 더 높아질 것이다. 본론으로 들어가기 전 작은 부탁("잠깐 실례해도 될까요?")을 먼저 해도 긍정적인 대답을 들을 확률이 높다.

좋아지고 있어요

. . .

상대방을 깎아내리지 않고 비판하기

누군가를 비판할 때 상대방이 상처받지 않고 비판을 받아들이고, 또 자극받게 만들려면 표현에 주의해야 한다. 사실 이는 '비즈니스 문제'이기도 하다. 한 여성의 배우자이자 가족 구성원으로서, 나아가 수많은 사람들과 관계를 맺고 있는 사람으로서 나는 사적으로 맺은 관계만큼이나 많은 비판이 오고가는 영역은 없다는 사실을 누구보다 잘 안다.

어떤 사람들은 지극히 솔직하고 직접적인 피드백을 준다는 점에서 반려동물의 마음을 높이 산다. 그래서 기꺼이 비싼 값을 치르고 신상 글루텐 프리 사료를 구입한다. 그런데 이렇게 정성과 마음을 담아 구입한 사료를 우리 집 '밍키'가 입조차 대지 않는다면?

걱정할 필요가 없다. 우리는 그게 무엇을 의미하는지 바로 알 수 있기 때문이다. 입에 맞지 않으니 다른 사료를 사오라는 뜻이다. 이렇듯 동물의 피드백은 확실하다.

그러나 인간관계에서는 이처럼 꾸밈없는 피드백이 언제나 통하는 게 아니다. 그래서 온갖 정성을 들여 특별요리를 차린 아내가 "맛이 어때?"라고 물었을 때 결코 "여보, 솔직하게 말하면 고수 맛이 코를 찌르고 고기는 너무 질겨"라고 대답해서는 안 된다. 남편이 새로 산 셔츠를 입고 "나 어때?"라고 물었을 때 "설마 그렇게 입고 거리를 활보하려는 건 아니지?"라고 핀잔을 주어서도 안 된다. 정확히 이 부분에 관한 질문을 받았고, 그것이 사실이라 해도 이런 대답은 마음속으로 혼자 꾹 삼켜야 한다.

'의견을 솔직하게 말하는 게 어때서?'라고 생각하는 독자도 있을 것이다. 물론 의견을 말하는 것은 나쁠 게 없다. 다음의 몇 가지 규칙을 지킨다면 말이다.

건설적인 비판을 하는 다섯 가지 방법

❘ 상대가 원한 경우에만 비판하라

비판당하는 것을 좋아하는 사람은 거의 없다. 의견을 묻지도 않았는데 상대방이 비판할 때는 특히 더 그렇다. 무엇보다 듣기 좋은 말이 진심인 경우는 드물며, 진심에서 우러난 말이 듣기 좋은 경우는 더욱 드물다. 게다가 누군가를 비판하는 진짜 이유는 상대를 끌어내리고 의식적으로든 무의식적으로든 상처를 주기 위해서인 경우가 많다.

비판하기 가장 좋은 순간은 상대방이 적극적으로 요청한 경우다. 단, 이때도 상대방이 자신 또는 무언가를 개선할 수 있도록, 혹은 진심으로 그가 해를 입지 않도록 도울 목적에서만 비판해야 한다. 그러기 위해서는 건설적인 대화를 통해 진심을 보여줘야 한다. 단순한 비판은 무언가 또는 누군가가 좋거나 나쁘다는 평가만 난무하지만 건설적인 비판은 무엇이 좋고 무엇이 덜 좋은지를 넘어 그 문제를 해결하는 방법까지 도출할 수 있기 때문이다.

Ⅱ 어디까지나 당신의 생각임을 강조하라

비판 섞인 대화를 나누는 과정에서 분위기가 순식간에 얼어붙거나 예기치 못한 다툼이 벌어질 수도 있다. 그러니 비판할 때는 그것이 개인적 견해일 뿐이라는 점을 강조해야 한다. 당신이 틀렸을 수도 있음을 보여주고, 자신의 약점에 대해 양해를 구함으로써 당신의 입장을 명확히 하라. 이런 식으로 말이다.

- "내가 절대 미각은 아닌지라 정확한지 모르겠지만……:"
- "당신도 알다시피 내가 디자이너처럼 안목이 뛰어난 것은 아니지만……."

Ⅲ 긍정적인 부분을 먼저 언급하라

온갖 나쁜 소리는 다 듣고 나중에 칭찬의 한마디를 듣는 것이 기분이 나쁠까? 여러 칭찬의 말을 들은 뒤에 고쳐야 할 점에 대해 듣는 게 기분이 나쁠까? 후자일 것이다. 나의 좋은 점을 보아주고 먼저 끌어내 주었다는 사실만으로도 기분이 덜 나쁘다. 오히려 고맙기까지 하다. 그러니 긍정적인 부분을 먼저 언급한 뒤에 건설적인 비판에 임하라. 문장을 구성할 때는 '네가……' 또는 '당신이……'로 시작되는 '너 메시지'보다는 '내가……'나 '나는……'으로 시작하는 '나 메시지'를 사용하는 것이 좋다.

- "……정말 맛있었어. 특히 후식은 최고였어. 개인적으로는 고기에 육즙이 좀 더 흐르고 분홍빛이 돌았더라면 더 좋았을 거야."
- "……당신이 새로운 스타일을 시도해보기로 한 건 정말 좋은 생각이야. 다만 조금 더 차분한 색깔이 당신에게 더 잘 어울리지 않을까 싶어."

Ⅳ 상대방에게 구체적인 개선 방안을 제안하라

비판만 한 채 개선하고 나아갈 점은 제시하지 않는다면 상대의 마음에 상처만 남기고 말 뿐이다. 비판한다는 것은 앞으로 나아갈 방향까지 함께 고민하고 도움을 준다는 뜻도 포함한다. 가능하면 개선 방향을 함께 알려주라. 받아들일지 말지는 상대의 선택이다.

- "내 생각에는 2분 정도만 더 기다렸다가 호일을 벗겼으면 더 맛있지 않았을까 싶어."
- "조심스럽게 제안 하나 해도 될까? 그것보다는 클래식한 검은색 셔츠를 입는 게 어때?"

V 의도적으로 질문하라

비판해도 된다는 허락을 받았다 한들 일방적으로 목소리를 내기만 해서는 의미가 없다. 말하는 중간중간 적절한 질문을 던져 지금 상대의 마음이 어떤지, 또 어떤 생각을 하고 있는지 확인하는 것이 좋다.

- "당신은 어떻게 생각해?"
- "내 생각이 어떤 것 같아?"

더하여

· · ·

"여보, 솔직히 말이지, 미나리 향이 코를 확 찔러. 고기는 조금 덜 구웠어야지."

"내가 절대 미각은 아닌지라 정확한지 모르겠지만 정말 맛있었어. 특히 후식은 최고였어. 개인적으로는 고기에 육즙이 좀 더 흐르고 분홍빛이 돌았더라면 더 좋았을 거야. 내 생각에는 2분 정도만 더 기다렸다가 호일을 벗겼으면 더 맛있지 않았을까 싶어. 당신은 어떻게 생각해?"

둘 중 어떤 비판이 더 잘 수용되겠는가? 물론 시간을 아끼고 싶다면 "뭐, 그런대로 먹을 만하네"라고 말하면 그만이다. 그러나 몇 초만 더 투자해도 인간관계가 달라진다. 그럼에도 이게 번거롭게 느껴진다면 아주 많은 경우에 유용하게 쓸 수 있는 말이 있다.

"정말 고마워. 나를 위해 이 모든 걸 모두 준비했다니 더 바랄 게 없어."

그건 말도 안 돼!

· · ·

상대의 헛소리를 일축하는 법

런던과 뉴욕의 지하철을 보면 지상에 존재하는 온갖 별종과 괴짜들의 집합소가 아닌가 하는 생각이 들 때가 있다. 그러나 경험에 의하면 이런 별종들을 보러 굳이 멀리까지 갈 필요가 없다. 동네 마트나 공원, 축구 동호회에만 나가도 망상가 한 명쯤은 쉽게 볼 수 있으니 말이다.

한번은 축구클럽에서 함께 뛰는 친구로 인해 무척이나 거북한 경험을 한 적이 있다. 여기에서는 그냥 'B시 출신의 오이겐 W.'라고 부르기로 한다. 그날 우리는 훈련을 마친 뒤 땀을 식히고 갈증도 해소할 겸 스포츠클럽의 테라스에 앉아 음료를 마시고 있었다. 구름 한 점 없이 좋은 날씨였다. 나는 운동으로 피로해진 몸을 쭉 뻗으며 의자 등받이에 등을 기대며 말했다.

"친구들, 난 오늘 정말 기분이 좋네. 살다 보면 이렇게 멋진 날도 있는 법이지."

내 말에 오이겐 W.가 눈살을 찌푸리더니 하늘을 가리키며 은밀한 투로 물었다.

"알아챘나?"

그의 질문이 '켐트레일'이니 '오르곤나이트[*]', 그리고 '정부'가 비행기를 이용해 공중에 분사해 두었다는 화학 물질을 증류 식초로 중화시키는 방법 따위에 관한 대화의 서막이었음을 내가 알 턱이 없었다. 이야기의 요점은 그날 저녁 내 컨디션이 좋았던 이유가 바로 하늘에 비행운(그의 표현을 군이 따르자면 '켐트레일')이 없었기 때문이라는 것이었다.

정말이지 나는 그의 이상야릇한 이론을 들으며 소중한 내 저녁 시간을 망치고 싶은 마음이 눈곱만큼도 없었다. 그렇다고 자리를 박차고 일어나 집으로 가기에는 테라스가 너무나 마음에 들었다. 더 솔직히 말하면 화를 내는 것조차 아까웠다.

다행히도 나는 그런 이들에게 대처하기 위한 전략 몇 가지를 가지고 있다. 먼저 망상가의 특징과 그런 이들을 상대하기 위한 전략을 살핀 뒤 내가 어떻게 대응했는지 마지막에서 귀띔해 주겠다. 참고로 나는 그날 내 대응에 무척 만족한다.

---

[*]켐트레일(Chemtrail) : 정부나 일루미나티 같은 비밀 조직이 인구 수 조절 또는 생물학 병기 실험, 식량 가격을 조정할 목적 등으로 비행운으로 위장한 화학 물질을 대기 중에 살포한다는 내용의 음모론

[**]오르곤나이트(Orgonite) : 수지, 금속 및 석영 혹은 수정 등으로 만든 인공물질

망상가의 특징, 그리고 그들을 상대하는 세 가지 방법

먼저 망상가의 특징이다. 이들은 대개 컴퓨터 앞에서 지나치게 긴 시간을 보내며, 편집증적인 성향을 보이는 경우가 흔하다. 그저 조금 엉뚱한 세계관을 가진 사람과, 온갖 사소한 일들을 가지고 음모론을 펼치거나 인신공격을 당했다고 여기는 진짜 편집증 환자 사이에는 광범위한 스펙트럼이 존재하는데, 이런 사람들이 지닌 일련의 공통점을 추리면 다음과 같다.

1. 거절당했을 때 극도로 예민하게 반응한다.

2. 항상 적개심에 차 있으며, 모욕이나 경멸을 당했다고 멋대로 판단한다.

3. 타인의 무심하거나 친절한 행동을 적대적이거나 경멸하는 태도로 해석한다.

4. 고집스럽고 상황에 맞지 않는 독선을 부린다.

5. 강한 오만함과 함께 강한 자기중심주의적인 태도를 보인다.

6. 각종 사건들의 이면에 음모가 도사리고 있다고 믿는다.

그렇다면 이런 사람들은 어떻게 상대하면 될까? 세 가지를 기억하라.

┃ 상황을 정확히 파악하라

상황 판단이 우선이다. 예컨대 그저 그 상황에서 벗어나고 싶은 건지, 그런데 대중교통수단 등을 이용 중이라 불가피하게 함께할 수밖에 없는지, 한 번 보고 말 사이인지, 이웃이나 직장동료라서 주기적으로 마주칠 수밖에 없는지 정확한 상황 파악이 필요하다.

‖ 그 상황에서 벗어나라

가능하다면 그 자리에서 벗어나라. 그런다고 해서 망상가가 입을 다물지는 않을 테지만 최소한 상대의 황당무계한 이론을 더는 듣지 않을 수 있다. 같은 공간에 있다면 네 자리쯤 떨어져 앉아라. 이때 주의할 것은, 진짜 편집증 환자라면 마주칠 때마다 태도를 싹 바꾸는 행동은 금물이다. 상대가 이를 적개심으로 해석할 수 있기 때문이다. 주기적으로 마주쳐야 하는 경우라면 이런 방법을 써보라.

- 단정하고 확실한 태도를 취하라.(당신의 태도가 상대방에 대한 조롱이나 경멸로 오인될 위험을 피하기 위해서다.)
- 일정한 주기를 두고 접촉하라.(일부러 상대방을 피하는 행동 역시 경멸과 적개심으로 해석된다.)
- 웃을 때 조심하라.(표정 하나도 상대에게 위선적인 친절함이나 비웃음으로 해석될 수 있다.)

‖‖ 화제가 확대되는 것을 피하라

그 망상가가 단순히 성가신 수준에 그치지 않고 특정 이론들로 타인의 신체와 삶에 위해를 가하는 상황일 수도 있다. 이때는 대화나 해당 화제를 즉각 끝맺어야 한다. 만약 제3자가 음모론에 '휘말릴' 위험에 처했다면 이때도 즉시 반응하라. 자폐증과 홍역 예방주사 간의 상관성을 논하는 '토론'에 혹하는 젊은 부모를 목격했을 때가 그런 경우다.

IV 비상브레이크를 당겨라

지하철에서 자신이 예수라고 주장하는 사람들이나 친목 모임에서 미셸 오바마가 파충류라고 단언하는 사람들을 논리적으로 설득하기란 불가능하다. 게다가 이런 사람들은 그 자리에서 상대방을 자신의 주장에 동참시키려고까지 한다. 이들의 사고의 흐름은 대략 이런 식으로 진행된다.

'내가 그 음모를 간파했다는 것을 저 녀석이 눈치 챈 모양이군. 이제 도망치거나 거부 반응을 보이겠지. 저 자도 한패임에 틀림없어.'

이렇다 보니 결론이 나오지 않을 논쟁은 애초에 피하는 게 상책이다. 이런 식으로 말이다.

- "켐트레일에 관한 대화는 이쯤에서 그만했으면 좋겠어요. 좋은 시간을 망치고 싶지 않거든요. 다른 얘기를 해볼까요?"
- "뜬구름 잡는 소리만 하고 있네요. 대화는 이쯤에서 그만. 더 이상 귀찮게 하지 마세요."
- "에리히, 그건 말도 안 되는 소리야. 이 방에 있는 사람들 모두에게 물어봐. 스스로를 웃음거리로 만들지 말고 그만 입 다물라고."

세 번째 표현을 사용하면 당신은 입지를 넓히는 동시에 동맹군을 끌어들일 수 있다. 이런 말로 상대방을 납득시킬 수는 없겠지만 일시적으로 우위를 점함으로써 상대를 침묵하게 만드는 것은 가능하다.

참고로 앞서 언급한 'B시 출신의 오이겐 W.'에게 나는 그 모든 현상이 더닝 크루거 효과Dunning-Kruger effect와 밀접하게 관련돼 있다고 속삭였다. 그러니 그 이론에 관해 알아보라고 말이다. 곧바로 입을 다무는 것을 보니 그도 이미 이 효과에 관해 들어본 모양이었다. 이 대답으로 나는 그날 저녁뿐 아니라 이후의 수많은 저녁 시간도 망치지 않을 수 있었다. 참고로 더닝 크루거 효과의 정의는 이렇다. '능력이 없는 사람이 잘못된 결정을 내려 부정적인 결과가 나타나도 능력이 없어 스스로의 오류를 알지 못하는 현상'.

더하여

. . .

앞에 서술한 망상가의 여섯 가지 특징 중 네 개 이상 해당한다면 전문가를 찾아 편집증 인격 장애 검사를 받아보길 권한다. 사실 엄밀히 따지면 망상가라는 표현은 잘못됐다. 편집증 인격 장애는 치료가 가능한 질병이다. 그러니 자신 또는 주변 사람들 중 누군가가 이 병이 의심된다면 서둘러 전문가의 도움을 받기 바란다. 비슷한 맥락에서 신경다양성Neurodiversity이라는 증세도 함께 참고해보라.

여기서 그만하지요

• • •

친목 모임에서 정치 논쟁이 벌어졌을 때

역시나 축구클럽 회원들과의 훈련이 있던 그날, 우리는 신입회원 안드레의 완벽하고도 풍성한 수염을 보며 경탄을 금치 못했다. 아랍 출신의 젊은이가 운영하는 이발소에서 다듬었다고 했다. 그러면서 안드레는 이발소의 서비스는 훌륭하지만 젊은 이발사가 독일어에 서툴러서 의사소통에 어려움을 겪었다고 덧붙였다. 그 말에 별안간 다른 동료가 끼어들더니, 아랍인들이 어떤 부류인지 누구나 알고 있으니 그런 가게에는 절대 가면 안 된다고 떠들었다. 게다가 아랍인 이발사라니, 그렇게 끔찍한 조합이 어디 있느냐는 것이었다. 나 때는 그런 건 눈 씻고 찾아봐도 없었다니까!

더는 들어줄 수 없었던 나는 최대한 마음을 가라앉히고 입을 열었다.

"이봐, 말조심해. 그런 얘긴 집에 가서나 하라고."

그는 도움을 청하듯 주위를 두리번거렸지만 아무도 동조해주지 않았다.

"에이, 농담으로 한 소리야."

몹시 거북하고 수치스러운 기색이었지만, 그가 자초한 일이었다.

친목 모임에서 벌어지는 정치 논쟁은 매번 내 이해심을 한계로 몰고 간다. 깊이 있는 성찰이나 지적인 언행은 찾아보기 어렵다는 점에서 더더욱 그렇다. 대부분 자신의 의견만 고집하고, 인종 차별적 발언과 외국인 혐오 발언도 서슴없이 내뱉는다. 차별화된 논리도 없이 모든 것을 단순화시켜 버리는 동시에 '건전한 합리성'을 갖춘 이들이 동의해줄 것이라고 기대하기도 한다. 친목 모임의 정치 논쟁에서 먹잇감이 되는 대상은 대개 소외받거나 도덕적으로 열등하다고 간주되는 집단이다. 대개 '외국인들', '무슬림들', '노숙자들', '동성애자들'이 이에 속하고, 종종 '정치가들'로 불리는 사람들도 대상이 된다. 이처럼 억측에 의해 분류된 집단의 구성원은 열등하고, 어떤 의미에서든 위협을 내포하고 있는 것으로 규정된다.

친목 모임에서 이런 사람들과 소통한다는 것은 앞에 나온 망상가들을 상대하는 일보다 훨씬 큰 도전이다. 입에서 입으로 전달된 메시지는 헛소문이지만 일반적인 헛소문보다 훨씬 위험하다. 증류된 식초가 대기 중의 화학 물질을 걸러준다는 믿음과 백인이 우월하다는 믿음 사이에는 어마어마한 차이가 있다.

'메르켈이 난민들에게 최신형 스마트폰을 선물했다'는 소문을 퍼뜨리는 이들은 십중팔구 자신의 말에 논리적인 근거를 대지 못한다. 그러니 기적은 기대하지 말되 희망을 잃지도 마라. 관점을 전환시키는 것만으로도 효과가 있으니 말이다. 적어도 사람에 대한 적대감을 품는 이들에게 확고히 당신의 입지를 보여주는 일은 가능하다.

그런데 가족이나 친구들에게서 이런 유의 언급이 나올 경우가 있다. 이 경우 장점은 논쟁이 물리적 폭력으로 번질 가능성이 거의 없거나 매우 적다는 점이고, 단점은 우리가 좋아하는 누군가에게서 그런 메시지가 나왔다는 걸 인정해야 한다는 사실이다. 이 경우 당신은 논쟁에 불을 지필 것인가, 대화를 끝낼 것인가? 나는 가교를 놓는 것도 한 방법이라고 생각한다. 예컨대 "그러게, 세상은 끊임없이 변하고 이해할 수 없는 일도 많이 일어나지"라고 말하는 것이다. 그런 다음에는 다음의 전략을 활용하라.

정치 논쟁에 대처하는 다섯 가지 방법

┃ 재차 질문하고 '그들'이라는 표현에 제동을 걸어라

꼬치꼬치 캐물으며 사실 관계에 관심을 보여라. 예컨대 이런 식이다.

- 당신이 그걸 어떻게 알죠?
- 누가 그런 얘기를 했다고요?
- 그 말이 정확히 무슨 뜻인가요?
- 외국인이라고 하면 프랑스인이나 벨기에인도 거기에 포함되는 거죠?
- 모든 정치가들이 그렇다는 건가요, 아니면 그 정치가가 그렇다는 건가요?
- 어떻게 모든 사람들을 그렇게 잘 아세요?

II 모순을 지적하라

정치 논쟁에서 나오는 말들은 모순적인 경우가 많다. 외국인에 대한 비하와 차별적인 말도 단골처럼 등장한다. 이 부분을 지적하고 들춰내라.

- 그런데 리암 씨는 이틀에 한 번 꼴로 베트남 식당에 가잖아요. 그럼 그 사람들이 아주 형편없지만은 않은 것 같은데요.
- 토비도 동성애자인데 당신이 토비에게 도움을 받을 때는 동성애자라는 게 전혀 문제되지 않은 거죠?

III 그 화제에 대한 당신의 의견을 말하라

당신이 대화에서 느끼는 바를 표현하라. 상대방의 말에 동의하지 않는다는 점도 분명히 하라.

- 난민들이 우리 일자리를 빼앗아간다는 말을 들으니 유쾌하지 않네요. 더 나은 삶을 살기 위해 노력하는 사람들에게 그런 선입견을 품는 건 옳지 않아요.

IV 지원군을 찾아라

당신의 의견에 동의해줄 사람을 찾아보라.

- 나는 말도 안 되는 소리라고 생각하는데, 여러분 생각은 어때요?
- 조냐, 당신도 그런 경험이 있어요?

V 제동을 걸어라

단호한 태도로 대화를 마무리하거나 해당 화제를 다른 것으로 돌려라.

- 그 말이 전혀 근거 없다는 건 당신도 알고 있을 거 같네요.
- 그런 언행이 형사처벌 대상인 데는 이유가 있어요. 당신이 어떻게 그런 생각
  을 하게 됐는지 저는 이해되지 않네요. 그만 끝내지요.

더하여

. . .

안타깝게도 이런 문제가 단순히 말로 끝나는 경우는 많지 않다. 실제로 정치적 동기
에 의한 범죄 처벌 건수는 굉장히 많으며, 이 중 폭력으로 이어진 비율도 상당하다. 따라
서 신체적 안전이 위협받을 수 있다고 여겨질 때는 아무 말도 하지 않거나 자리를 뜨는 것
이 가장 안전하다. 그럼에도 소리 내어 의견을 말하는 것은 매우 중요하다. 개신교 신학
자였던 마틴 니묄러Martin Niemöller의 말이 그것을 잘 보여준다. 한때 그는 히틀러 추종
자였으나 확고한 반대자로 전향했고, 그 대가로 수용소에서 삶의 일부를 보내야 했다.

"나치가 공산주의자들을 잡아갔을 때 나는 침묵했다. 나는 공산주의자가 아니었으
므로. 그들이 사회민주주의자들을 가두었을 때 나는 침묵했다. 나는 사회민주주의자가
아니었으므로. 그들이 노동조합원들을 끌고 갔을 때 나는 침묵했다. 나는 노동조합원
이 아니었으므로. 그들이 나를 잡으러 왔을 때 저항할 사람은 아무도 남아 있지 않았다."

이렇게 어색할 수가!

. . .

어색한 침묵 깨기

많은 경우 침묵은 매우 거북하다. 타인을 당황시킬 수도 있고, 완고해 보이거나 심지어 냉정하고 적대적으로 보일 수도 있기 때문이다. 예컨대 어떤 모임에 혼자 처음 나갔다거나 모임이 막 형성되는 상황에서 그렇다. 이렇게 얼어붙은 분위기를 깨는 '쇄빙기'로 쓸 만한 레퍼토리를 몇 개 구비해두는 것도 나쁘지 않다.

언젠가 건강에 문제가 생겨 수영 강습에 등록했던 적이 있다. 그렇다고 수영을 할 줄 모르는 건 아니었다. 척추를 보호해준다는 자유형 영법을 배우는 게 강습의 목적이었다. 첫날 가보니 수영복 차림의 여남은 명의 참가자들이 수영장 가장자리에 서서 강사를 기다리고 있었다. 우리는 티 나지 않게 서로를 곁눈질했다. 사람들은 제각기 자신이 너무 뚱뚱하거나 너무 말랐거나 피부가 너무 희멀겋거나 수영복만 달랑 걸치고 있다는 사실을 거북해하는 듯했다. 몇몇 사람들은 마치 '저 사람은 도대체 여기 왜 온 거지?'라는 말을 이마에 커다랗게 써 붙이고 있는 것처럼 보였다. 우리는 그저 강습이 시작되기만을 기다렸다. 말 그대로 꿰다 놓은 보릿자루 같은 모양새였으니까. 침묵이 서서히 불편하게 느껴져 참을 수 없었다.

'미하엘, 그래도 넌 명색이 커뮤니케이션 훈련가잖아!'

나는 스스로를 이렇게 다독였다. 그러고는 나와 나이가 얼추 비슷해 보이는 남자에게 말을 걸었다.

"안녕하세요. 저는 미하엘이라고 합니다. 선생님도 수영 강습을 받으러 오신 모양이죠?"

처음에는 매우 어색하게 느껴질지라도 이는 확실히 효과를 발휘한다. 얼마나 효과가 좋았는가 하면, 20분 뒤 강사가 헐레벌떡 뛰어왔을 때는 모두가 수다 삼매경에 빠져 있었을 정도다. 다들 누군가가 총대를 메고 나서주기만 기다리고 있었던 것이다. 신문과 스마트폰으로 얼굴을 가리고 무뚝뚝한 표정을 하고 있어도 우리는 결국 사회적 존재다. 그래서 민망한 수영복 차림일 때도 잡담의 유혹을 뿌리치기 어렵다.

고백하건대, 나는 그날 옆 사람들이 침묵하는 상황에 신경이 곤두서 있었다. 정말이지 거북하기 짝이 없었다. 그리고 쇄빙기를 투입할 수 있는 상황은 수없이 많다. 당신이 흥미로운 대화 상대임을 타인들에게 보여주고 싶을 때, 직업적 관계 또는 사적인 관계를 맺고 싶을 때도 마찬가지다. 몇 가지 규칙을 지키고 약간의 용기를 더한다면 당신이 얼음을 깨는 주인공이 될 수 있다.

얼음 같은 침묵을 깨는 네 가지 방법

┃ 세 문장만 잘 활용해도 성공이다

미소를 머금고 고전적인 말로 접근해보라. 모든 문장에는 짤막한 '실례합니다'가 선행되어야 한다. 대안으로 '안녕하세요. 저는 아무개라고 합니다'라고 자기소개를 하는 것도 좋다.

- "우리 어디서 만난 적 있지 않나요?"

부디 이 고전적인 문장을 이성에게 접근하는 수단으로 쓰는 사람은 없기를 바란다. 그러나 상대방이 정말 아는 사람인 것 같을 때 무난하고 점잖은 태도로 이렇게 묻는 것은 효과가 있다. 그러면 상대방도 당신을 본 적이 있는지 곰곰이 생각하게 된다. 게다가 누군가가 자신을 기억한다는 사실은 사람의 자아를 무척이나 기분 좋게 자극한다.

- "강연이 마음에 들던가요?" (현재 진행중인 행사를 활용할 것)

상대방도 해당 화제에 관해 할 이야기가 있을 거라는 전제가 가능하다는 점이 이 방법의 큰 장점이다.

- "행사가 어떻게 진행될지 기대되네요. 선생님은 어떠세요?"

상대방이 당신과 같은 상황에서 같은 경험을 하고 있을 때는 이 문장이 예외 없이 통한다. 가령 어떤 교육에 참가했을 때 공연 중간 휴식 시간에 혹은 기차역의 대합실에서 이를 활용해보라.

‖ 전문 분야를 공략하라

이 방법을 위해 두 가지 상황을 활용해보겠다. 첫째는 스마트폰과 태블릿 PC를 사용하는 사람이 점점 늘고 있다는 사실이다. 그리고 둘째는 누구나 자신의 견해나 전문지식에 관해 질문받기를 좋아한다는 점이다.

- "그 태블릿 PC는 쓰기가 어떤가요? 만족하시나요?"

만약 안드로이드광이나 애플 추종자에게 이런 질문을 던졌다면 당신은 그야말로 벌집을 건드린 셈이다. 진짜 관심이 있어서 물어본 것이라면 괜찮지만, 그렇지 않을 경우 대화 한 번 나눠 보려다 상대방의 장광설에 휘말릴 수도 있기 때문이다.

대화의 단초로 쓸 수 있는 것은 전자기기뿐만이 아니다. 전문가의 견해를 묻는 식으로 말을 걸 때는 운동화는 물론 여행용 캐리어, 기능성 의류, 상대방이 손에 들고 있는 책 등 거의 모든 것이 소재가 될 수 있다. 상대방이 흔히 보기 힘든 브랜드나 체인점 이름이 새겨진 봉투를 들고 있는가? 그렇다면 이를 공략하라.

III 상황을 이용해 침묵을 깨라

전문 분야를 공략하는 방법과 마찬가지로 이때도 상대방과 당신이 공유하는 분야를 활용하면 된다.

- "그거 정말 맛있어 보이네요. 이 근처에서 파는 건가요?" (상대방이 먹을 것을 가지고 있을 때)
- "시원한 카페에서 커피나 한 잔 하면 좋으련만……. 그렇지 않은가요?" (어떤 장소에서 뭔가를 기다리는데 상대방도 무료해 보일 경우)

그런 다음에는 얼른 이렇게 덧붙여라.

"실례했습니다. 제가 뜬금없었죠? 무례하게 굴려던 건 아니었어요."

이 정도만으로도 이미 소소한 대화는 시작된 셈이다.

IV 어리석은 행동을 하지 마라

당신이 남성이라면 타인에게 거북한 대상으로 비치거나 실제로도 불쾌한 사람이 되지 않아야 한다. 특히 상대방과 당신 사이에 '힘의 차이'가 존재해서는 안 된다. 상대방에게 위협적으로 느껴질 수도 있는 상황에서는 매우 신중하게 행동해야 한다는 의미다. 장시간 야간열차를 타는 일이 너무나 따분해도 상대방은 그저 당신이 창밖을 바라보며 침묵하기만 바라고 있을지 모른다. 열차 칸에 단둘이 있을 때는 더욱 그렇다. 칭찬을 건네는 것도 쇄빙기 전략 가운데 하나지만, 이것이 언제나 선량한 인상을 주는 것은 아니다. 상황에 따라서는 치근대는 것으로 받아들여질 수도 있다.

더하여

. . .

얼어붙은 분위기가 일단 깨지고 나면 조금 편한 마음으로 잡담을 시작해도 좋다. 다만 (당신이 어렵게 말을 시작했다고 해서) 상대방에게 대화에 동참하며 당신을 즐겁게 해줄 의무가 있다고 여기는 실수를 범해서는 안 된다. 그렇게 되는 순간 분위기는 다시 얼어붙고 만다. 강조하건대, 잡담에도 훈련이 필요하다. 그리고 눈치는 더더욱 필요하다.

오늘 하루 어땠어?

· · ·

함께 있으면서 침묵을 즐기는 법

앞에서도 설명했듯이 침묵은 매우 불편하게 느껴질 수 있다. 하지만 종종 침묵이 필요한 경우가 있으며, 침묵을 즐기는 사람도 많다. 상대에 따라 말없이 함께 있기만 해도 편안한 감정이 드는 경우가 있다. 당연히 반대인 경우도 있는데, 이때는 상대방에게 일깨워줄 필요가 있다.

한번은 친분을 맺고 지내던 40대 부부가 어떤 문제를 겪고 있다는 사실을 알게 되었다. 남편은 말을 많이 하는 직업을 갖고 있었고, 간혹 보통 때보다 훨씬 더 말을 많이 해야 하는 날도 있었다. 반면에 세무사 사무실에서 일하는 아내는 사람들과 접촉할 일이 거의 없었다. 하루에 겨우 한두 마디만 하고 퇴근하는 날도 있었다.

이로 인해 각기 다른 욕구를 지닌 두 사람은 저녁이면 충돌하기 일쑤였다. 온종일 말하고 듣는 일에서 벗어나 홀가분해 하는 남편과 달리 아내는 그날 있었던 일을 남편에게 털어놓고 남편의 하루가 어땠는지도 듣고 싶어 했다.

나와 내 아내는 그들과 저녁 시간을 함께 보내던 중에 이 사연을 듣게 됐는데, 그로 인해 즐겁던 분위기는 한 순간에 깨져 버렸다. 좌중을 웃겨가며 이야기보따리를 풀어놓는 남편에게 아내가 뼈가 담긴 한마디를 던진 것이다.

"당신이 그렇게 말을 잘하는 사람인 줄 여태 몰랐네. 나한테도 그렇게 하면 얼마나 좋아."

분위기는 순식간에 얼어붙었고 이내 부부 싸움이 시작되었다. 언성이 높아진 것은 물론 부부 싸움에 으레 등장하는 비방과 폭로도 이어졌다. 왜 하필 그날이었는지, 아니 왜 하필 우리 집에서 그런 일이 일어났는지 후회해봐야 소용없었다.

"당신이 그렇게 끝도 없이 주절거리는데 나더러 무슨 이야기를 더 하라는 거야?"

이 외에 어떤 말들이 오가고 그날 저녁 모임이 어떻게 되었는지는 굳이 말하지 않아도 알 것이다.

이후 두 사람이 말 한마디 없이 나란히 앉아 있었을 것임은 보지 않아도 훤하다. 하지만 당사자들에게 그런 침묵이 편했을 리 없지 않은가. 나중에 이들이 찾아낸 해결책은, 그냥 같이 침묵하며 (미국 작가 토머스 해리스가 말한 것처럼) '시간의 비눗방울에 갇힌 채 이대로도 괜찮다'고 생각하는 것이었다.

상대를 배려하며 내 마음을 드러내는 두 가지 방법

❘ 욕구를 적절히 표현하라

우리 집 거실에서 격한 싸움을 벌인 뒤 부부는 자신들이 서로 다른 욕구를 가지고 있으며 그로 인해 서로의 행동을 잘못 해석했음을 알게 되었다. 아내는 남편의 침묵을 언짢은 기분과 무관심의 표현으로 해석했고, 남편은 집에서까지 말을 많이 하도록 아내가 자신을 '쥐어짠다고' 여긴 것이다. 말이라면 일터에서 이미 질리도록 했음에도 말이다.

욕구를 표현하는 것은 이기적인 일이 아니다. 특히 일 대 일 관계에서는 자신의 욕구를 제때 이야기하지 않으면 오해를 불러일으키고 나아가 상대방의 애정을 잃을 수도 있다. 이런 관점에서 보면 욕구를 표현하는 일은 거의 의무라 해도 과언이 아니다. 그런데, 이왕 욕구를 표현할 거라면 조금만 표현을 달리해서 듣는 이의 마음을 상하게 하는 일은 없게 하는 것이 좋지 않을까? 예를 들면 이런 식이다.

• "당신 말이 없네."

: 철저히 중립적이고 사실적으로 서술한다. 평가는 금물이다.

• "당신이 왜 그렇게 말을 안 하는지 알 수 없으니 어찌해야 할지 모르겠어."

: 느끼는 바를 말하되 공격으로 들릴 수 있는 감정, 이를 테면 "짜증나" "나 지금 상처 받았어" "당신이 먼저 공격했잖아" 같은 말은 삼가야 한다.

- "나는 당신의 삶을 공유하고 싶고, 당신도 내게 관심을 가져주었으면 좋겠어."

: 욕구를 솔직하게 표현해야 한다.

- "부탁인데 대화를 좀 더 해보자."

: 명확한 부탁의 형태를 취하는 것도 방법이다.

이런 전략은 마셜 B. 로젠버그의Marshall B. Rosenberg의 '비폭력 대화법'에 따른 것으로, 비단 침묵하고 싶은 욕구를 느낄 때만 활용할 수 있는 것은 아니다. 그런데 잠깐, 일화에서 아내가 '이야기를 더 많이 나누자'라고 했던가? 이 장에서 원래 다루려던 주제는 함께 있으면서 침묵을 지키는 법이 아니었나?

‖ 의식을 치러라

예의 부부는 상충되는 욕구를 충족시키기 위해 타협 방안을 모색해야 했다. 물론 문제는 남편의 표현법과 아내의 표현법이 서로 크게 달랐던 탓이었다. 당신이 남편의 입장이라고 가정해보라. 당신이라면 문제들을 어떻게 표현하겠는가? 누구나 결국에는 말하고 싶지 않은 남편의 욕구가 이길 것이라고 생각할 것이다.

어찌됐든 이 친구들은 두 가지 의식을 치르기로 합의를 보았다. 여기서 잠깐, 인간관계에서 의식은 유익하고도 중요하다. 어떤 부부든 시간이 지나면서 나름의 의식을 만들어낸다. 출퇴근 인사로 포옹이나 입맞춤을 하는 것이 그 예다. 그리고 대부분의 부부들은 '여보, 오늘 하루 어땠어?'라는 말로 퇴근 후 대화의 포문을 열 것이다. 참고로 우리 부부는 딸들과의 아침 식사를 중요하게 여긴다.

친구 부부는 낮 동안 메신저로 짧게나마 서로에게 안부를 전하고, 퇴근 후에는 차를 마시며 하루 일과를 나누는 것으로 합의를 보았다. 함께 차를 마시며 그날 있었던 일을 주고받음으로써 아내는 함께 시간을 보내며 대화하고픈 욕구를 충족시켰다. 남편도 얼마 지나지 않아 이 의식을 직장과 '집' 사이의 반가운 완충제로 받아들이게 되었다. 이 시간이 아내에게는 커다란 즐거움임을 남편이 알게 되었고, 아내 역시 이 시간만 끝나면 말하는 부담감에서 벗어날 수 있다는 홀가분함을 남편에게 선사한 셈이다.

더하여

...

자신의 욕구를 소리 내어 말하는 일, 상대방의 욕구를 이해하고 수용하는 일, 그리고 함께 타협안을 모색하는 일은 두 사람 모두에게 안정된 부부 관계에 대한 확신을 심어 주었다. 이들은 지금 굳이 이 문제를 입 밖에 내지 않아도 '있는 그대로 괜찮다'는 사실을 알고 있다. 물론 남의 집에서 부부 싸움을 벌이느라 화기애애한 분위기를 망치는 일도 더 이상 일어나지 않았다.

한 잔만 덜 마실걸!

· · ·

회식 이튿날을 위한 생존법

연말이나 행사 기간이면 회사에서는 별의별 일이 다 벌어진다. '별의별'이라는 표현이 과하지 않을 정도다.

언젠가 가장 친한 친구 몇몇을 상대로 회식에 관해 간단한 질문을 해본 적이 있다. 직장생활 중 가장 수치스러운 회식에 관한 기억이었다. 그날 친구들 입에선 정말 '별의별' 얘기가 다 나왔다. 내 기준에서 판단하건대, 그날 들은 '별의별' 얘기 중에 가장 수치스러운 경험 세 가지는 다음과 같다. 첫째, 춤판을 벌이며 사람들 앞에서 옷을 벗어던진 일, 둘째, 화분 가득 먹은 것을 쏟아낸 일, 그리고 셋째이자 부동의 1위는 평소에는 그냥 눈인사만 하고 지나치던 직장동료와 '적절치 못한 일'을 저지르거나, 거기까지는 아니더라도 밀회를 나눈 일이다.

물론 이 '빅3'의 대미를 장식하는 악명 높은 결말은 '필름이 끊기는 것'이다. 이튿날 잠에서 깨어나 숙취로 깨질 것 같은 머리를 부여잡고 간밤에 회계팀 남자 동료와 무슨 일을 벌였는지, 혹은 어째서 윗옷을 뒤집어 입고 있는 건지 알아내려 아른거리는 기억을 더듬는 것보다 슬프고 힘들고 어지러운 일은 없기 때문이다.

고백하건대, 나도 그와 비슷한 일을 겪은 적이 있다. 회식 이튿날 벗어둔 옷가지 틈에서 내 것이 아닌 셔츠를 발견한 것이다. 대관절 이 옷은 누구 것이며, 나는 도대체 어쩌다 옷을 벗은 것일까? 그것보다 내가 무슨 짓을 저지른 것일까? 아무 기억도 나지 않았다. 나는 있는 대로 용기를 끌어모아 한 남자 동료에게 전화를 걸었다.

그가 유쾌하게 전해준 바에 의하면, 회식 분위기가 절정에 달했을 즈음 내가 이제 막 떠오르는 신인 스타를 자청하며 춤판으로 뛰어들더니 'You can leave your hat on'에 맞추어 셔츠를 찢어발기더라는 것이었다. 천만다행이도 그는 최악의 상황이 벌어지기 전에 나를 춤판에서 끌어내서는 만약의 상황에 대비해 자신이 입으려고 준비해두었던 여분의 셔츠를 나에게 입히는 데 성공했다고 한다. 두 번 다시 못 볼 구경거리였지만 아쉽게도 (정말 아쉬운 건가) 자리가 파할 무렵이라 내 무대에 열광하는 관객은 거의 없었다고 한다.

어휴, 미하엘, 구사일생했구나! 그 정도쯤이야. 나는 그보다 훨씬 더 끔찍한 일을 상상했거든. 천만다행인 점은 그 일이 스마트폰과 SNS가 자리 잡기 전에 발생했다는 사실이야.

회식의 악몽이 떠올랐을 때 취해야 할 네 가지 행동

I 평정을 잃지 마라

숙취로 컨디션도 좋지 않은 마당에 군이 자책까지 하며 긴 하루를 보낼 필요는 없다. 고민하는 이유가 비단 양심의 가책뿐 아니라 전날 마신 알코올로 인한 세로토닌과 도파민의 분비 때문이기도 하다는 사실을 떠올리면 조금이나마 마음이 가벼워질 것이다. 이런 신경 전달 물질은 기분에도 영향을 미치는데, 우리 몸이 전날 저녁에 소모된 신경 전달 물질을 재충전하기까지는 어느 정도 시간이 필요하다. 그래서 술 마신 다음날에는 잡생각이 많아지고 찜찜한 기분이 드는 것이다.

II 휴대전화를 확인하고 흔적을 찾아보라

마음을 굳게 먹고 친한 사람에게 전화를 걸어 무슨 일이 있었는지 물어보라. 모두들 뒤에서 수군대고 있을지도 모른다는 생각은 착각이라 믿자. 그다지 걱정할 만한 일이 일어나지 않았음을 알고 나면 숙취도 더 빨리 깬다. 휴대폰을 든 김에 어젯밤 그들과 사진을 찍지는 않았는지, 누가 찍혀 있는지도 확인하라. SNS도 확인하는 것이 좋다. 실수로 글을 올렸다면 빨리 삭제하라. 주고받은 메시지가 있는지도 봐야 한다. 안타깝게도 분위기에 취해 무대에서 혼자 브레이크댄스를 선보이거나 엉덩이께 새긴 문신을 자랑스레 보여주고 다니며 카메라 세례를 받았다면 그런 모습이 찍힌 사진에 댓글을 다는 일은 무조건 삼가라.

III 정면 돌파하라

사고 친 술자리가 회식 자리였다면 정면 돌파하는 수밖에 없다. 쩔쩔매며 사과하는 것보다 당당하게 웃으며 다녀라. 어쨌거나 술자리가 아니었는가. 당신은 그 자리를 즐겼을 뿐이다. 다른 사람들이 즐기지 못했다면 그건 그 사람들 문제다. 부정하는 것도 도움이 되지 않는다. 영국 왕실이 철통같이 지키는 '노코멘트'의 원칙을 할 수 있는 데까지 고수하라.

예외가 있다면 누군가에게 매우 모욕적인 행동을 했을 경우다. 예컨대 "당신, 안 그래도 내가 벼르고 있었어!" 같은 언사로 상사와 싸움을 벌였거나 누군가에게 기분 나쁜 행동을 저질렀다면 "어제는 무례한 행동을 해서 죄송합니다"와 같이 최대한 간결하게 사과하는 것이 좋다. 당신이 술에 취한 상태였음을 상대방이 알고 있다면 굳이 변명하거나 구실을 찾지 마라.

IV 솔직하게 이야기하라

술자리에서 특정 상대방과 마음이 통했다고 느끼거나 상호 합의 하에 적정선을 넘는 신체 접촉을 하게 되는 경우도 있다. 역시나 솔직하게 이야기하라. 실수는 누구나 저지르지 않는가.

"지금 생각하니 어제 일은 실수였던 것 같군요."

신체적 접촉이 없었더라도 존칭 문제가 남는다. 가령 술자리에서 말을 놓게 되었을 경우다. 술자리에서 말을 놓자고 제안했던 동갑내기 상사가 다음 날 이를 기억하지 못한다면 당신도 모른 척하라. 확신이 가지 않는다면 해명을 청하는 것도 괜찮다. "어제 말을 놓자고 하셨는데 그렇게 할까요, 아니면 원래 하던 대로 할까요?"

더하여

· · ·

당시에 내가 동료에게 바로 전화를 걸었더라면 불안에 시달리며 몇 시간을 보내지 않아도 됐을 것이다. 애초에 술을 마시지 않았더라면 아무 일도 일어나지 않았을 것임은 물론이다. 그러나 우리 모두는 인간이고, 인간인 이상 이따금 제대로 '달리고픈' 욕구가 있기 마련이다.

뮌헨 출신의 작가 겸 언론인 하이케 코트만Heike Kottmann은 이미지 추락 문제에 대응하기 위해 이 주제에 정통한 누군가와 함께 대응책을 고안한 바 있다. 그 주인공은 다름 아닌 자기 홍보 전문가이자 폭스바겐 사의 전 대변인 클라우스 콕스Klaus Kocks다.

"눈 감고 입 다물고 정면 돌파하십시오! 나머지는 망각이 해결해줄 테니까요!"

삼가 조의를 표합니다

• • •

애도하기와 비보 전하기

사람들은 죽음을 일상으로부터 완전히 몰아낸 채 살아간다. 죽음이 일어나는 곳은 병원이나 요양원 정도일 거라는 생각으로 삶의 종말은 전문가의 손에 맡겨 버린다. 죽음과 애도에 관한 전통적인 원칙도 희미해지고 있다. 그래서 불행이 삶을 망가뜨릴 때면 우리는 어린아이처럼 쩔쩔맨다. 위로하고 싶어도 어떻게 하는지 몰라 당황스러운 순간도 있다.

한 모임에서 이 화제를 꺼내자 금세 여기저기서 눈시울이 붉어졌다. 연륜도 수염도 풍성한 남성의 뺨 위로도 눈물이 흘렀다. 마음속 깊숙이 그와 관련된 무거운 짐을 지고 살아온 모양이었다. 조용히 그의 고백을 들었다. 20대 초반에 한 친구의 장례식에 참석했을 때 '눌러야만 했던' 감정이 오랫동안 양심의 가책으로 남아 그를 따라다녔다고 한다. 30대 중반에는 친한 직장 동료가 암으로 사망했다. 그래도 이때는 처음보다는 나았다. 다만 혼자 남은 고인의 부인, 딸들과는 눈조차 마주칠 수 없었다. 뒤늦게야 자신이 고인을 올바른 방식으로 보내주지 못했다는 사실을 깨달았다. 오랜 시간을 함께한 두 친구에게 충분한 경의를 표하지 못했다는 생각은 그렇게 죄책감으로 남았다.

두어 해 전, 모친으로부터 숙부가 임종을 앞두고 있다는 소식을 들은 날에는 용기를 내어 밤새 수백 킬로미터를 달려 마지막으로 숙부를 뵈었다고 한다. 덕분에 생전에 숙부와 작별을 나눌 수 있었다. 그제야 비로소 고인을 보내주고 남은 가족들과 눈을 마주치는 일이 가능해졌다.

이렇듯 살다 보면 경사와 애사가 번갈아 일어난다. 젊었을 때는 경사에 참석하는 일이 많지만 어느 정도 나이가 들어서는 애사에 참석할 일이 더 많아진다. 경사는 마음을 담아 축하해주면 되지만 애사에 참석할 때는 예를 갖추는 것이 기본이다. 그 기본을 갖추는 방법을 소개한다.

남은 자들의 슬픔을 덜어주는 법

┃ 진심을 담아 간단하게

조문할 때는 흔히 쓰이는 의례적 표현을 사용하면 된다. 다만 사망의 원인이 자살인 경우는 예외다. 고인이나 유족과 아주 가까운 사이가 아니었다면 바로 조문하지 말고 유족에게 시간을 주어라. 또한 유족이 더 머물러줄 것을 요청한 경우가 아닌 이상 조문 시간은 15~20분을 넘기지 않는 것이 좋다. "삼가 조의를 표합니다" "고인의 명복을 빕니다" "얼마나 상심이 크십니까" 혹은 아무 말 없이 조용히 손을 잡아주거나 (유족과 가까운 사이인 경우) 안아주는 것만으로도 충분하다.

‖ 유족에 대한 배려가 최우선

조문하러 가서 대화를 나눌 때는 "어떻게 지내셨습니까?"라고 안부를 묻는 일부터 시작하라. 물론 상을 당한 사람이 잘 지냈을 리 없다는 사실을 모르는 사람은 없을 것이다. 이 질문의 목적은 유족이 자신의 이야기를 할 수 있는 시간을 주려는 것이다. '내가 곁에서 힘이 되어 주겠다'는 뜻이다. 애로사항이 있는지 확인하고 정확히 그 부분에 도움을 줄 수 있다는 실용적인 측면도 포함돼 있다. 이때는 최대한 구체적인 표현을 써서 도움의 손길을 내미는 것이 좋다. "도와드릴 일이 있으면 전화 주세요" 같은 말은 대부분의 경우 도움이 되지 않는다. 그보다는 몇 시간 동안 아이들을 돌봐주거나 식사를 준비해주는 일 등을 구체적으로 제안하라.

‖ 말로 두 번 상처 주지 마라

"어떤 기분인지 저도 압니다" "정말 좋은 녀석이었는데" "이제 편안해지셨을 거예요" "호상입니다" 이런 말은 하지 않은 것만 못하다. 이와 유사한 표현들도 마찬가지다. 자신이 상을 당했던 때의 경험을 내세우는 것도 피해야 한다("그때 저는……."). 무교였던 고인의 묘소에서 종교적인 위로의 말을 꺼내는 일도 마찬가지다.

사망 또는 사고 소식을 전할 때의 예의

I 가능한 많은 정보를 수집한 뒤에 전하라

가까운 친구나 가족의 사고나 사망 소식을 전하는 일은 살면서 가능하면 겪고 싶지 않은 일 중 하나일 것이다. 그럼에도 이런 상황이 닥칠 경우에 대비해둘 필요는 있다. 가장 중요한 것은, 소식을 전하기 전에 기본적으로 많은 정보를 알고 있어야 한다. 고인 또는 부상자의 신분도 확실히 확인한 상태여야 한다. 착오로 인해 가족에게 잘못된 소식을 전함으로써 끔찍한 경험을 하게 만드는 일은 절대 없어야 하기 때문이다. 사고 경위에 관해서도 잘 알아보라. 사망자는 현재 어디에 있는지, 부상이라면 어느 병원에서 치료받고 있으며 상태는 얼마나 심각한지도 정확히 알아야 한다.

II 도저히 다른 방법이 없을 때만 전화로 소식을 전하라

당신의 전화나 메시지가 초래하는 결과에 책임을 져야 한다. 그러니 가능하면 용기를 내서 소식을 전해야 할 상대방을 직접 찾아가라. 나쁜 소식을 들을 때 누군가가 곁에 있는 것은 상대방에게 도움이 되는 일이기도 하다.

III 이야기는 집 안에 들어간 뒤에 꺼내라

"나쁜 소식을 전해 드려야 할 것 같습니다"라고 말문을 열어라. 이는 본론으로 들어가기 위한 준비 단계다. 상대방에게 자리에 앉을 것을 청하라. 아이들은 가능하면 자리에 없는 것이 좋다. 스스로 적절하다고 판단되는 방식으로 자녀에게 소식을 전하는 것은 부모의 권리다.

IV 명확하게 전하라

사망 소식을 전달할 때는 '사망'이라는 단어를 입 밖에 내어도 괜찮다. 상대방이 잘못 이해하거나 부질없는 희망을 품는 일은 없어야 한다. "클라우스가 큰 사고를 당했습니다"가 아니라 "클라우스가 목숨을 잃었습니다. 사고를 당했어요"라고 말해야 명확하다. 그런 다음 유족이 반응할 시간을 주어라. "잘 이겨내실 겁니다" "그래도 둘째아드님이 건강하게 살아 있잖아요" "분명 고통 없이 가셨을 거예요" 따위의 말은 하지 마라. 이런 말은 위로가 되기는커녕 더 큰 상처만 줄 뿐이다. 시간을 두고 친구나 가족들과 함께 비탄에 잠긴 유족의 반응을 인내심 있게 받아들여라. 이 시간에는 침묵도, 눈물도, 울부짖음도 모두 당연하다.

더하여

. . .

이런 소식을 전하면서 엉뚱하게 미소를 짓는 사람들이 있다. 어쩔 줄 몰라서 혹은 상대방의 공격적인 반응에 스스로를 방어하기 위해 무의식적으로 나오는 반응이다. 그러나 사전에 의식적으로 상황을 받아들여 두면 이런 일을 예방할 수 있다. 또한 반드시 당신 스스로를 돌보아야 한다. 누군가(사망자와 직접 관련된 사람은 당연히 예외)와 당신의 감정에 관해 대화를 나누어라. 불행한 소식을 전하는 일은 결코 쉽지 않다. 이 과제를 내적으로 소화하는 일 역시 쉽지만은 않은 일이다.

정말 안타깝군요

• • •

거리를 두고 공감해주기

살다 보면 누구나 상실과 슬픔을 겪기 마련이다. 그중에서도 사랑하는
존재나 친밀한 사람을 죽음으로 잃는 것은 최고로 고통스러운 경험이다.
이때 우리가 느끼는 감정에 긍정적인 측면이 내재되어 있다고 말하면 누
구도 선뜻 믿기 어려울 것이다. 그러나 이 경험은 우리로 하여금 타인의 감
정에 이입할 수 있도록 해준다. 사랑하는 사람을 잃은 이의 감정을 온전히
똑같이 느낄 수는 없더라도 어떤 감정인지는 알 수 있다. 과거에 비슷한 경
험을 했을 수 있기 때문이다.

내게 에마에 관해 좋은 이야기를 하라고 하면 사실 별로 할 말이 없다.
에마는 나와 친하게 지내는 이웃이 최고로 사랑한 존재였다. 에마가 고령
의 나이로 세상을 떠났을 때 이웃의 슬픔은 말로 표현할 수 없을 정도였다.

고백하건대, 나는 내심 홀가분했다. 에마가 숨을 거두기 전까지 얼마간은 그들과 무얼 한다는 게 너무나 힘들었던 탓이다. 그 무렵 에마는 혼자 집에 있을 수도, 오래 걸을 수도 없는 상태였다. 가뜩이나 심하던 체취는 대소변을 조절할 수 없었던 탓에 더욱 악화되었다. 생명력이 서서히 사그라지고 있는데도 그는 건강하던 때와 마찬가지로 나를 부담스럽게 만드는 데 온 힘을 끌어 모으는 것처럼 보였다.

에마는 회색 털을 가진 커다란 잡종견이었다. 이유는 알 수 없지만 에마는 처음 만난 순간부터 마지막까지 나를 좋아하지 않았다. 내 입장에서도 첫 만남에서부터 신발에 오줌을 갈기고 이후로도 마주칠 때마다 으르렁대며 신경을 긁는 개와 친구가 될 수 없었다.

반려견을 키우는 사람들은, 동물들은 자신을 싫어하는 사람을 단박에 가려낸다고 일러 주었다. 남의 집 반려견이 나를 싫어하는 것쯤은 참을 수 있었다. 그러나 반려견을 잃은 자신의 슬픔을 내가 공감해줄 수 없다는 사실을 이웃이 눈치 챘다면 내 입장은 매우 난처했을 것이다. 그렇다고 한들 "정말 마음이 아프군요" 외에 내가 달리 무슨 말을 할 수 있었겠는가?

심리학자 로베르트 펠트만Robert Feldmann은 "세상에는 상대방이 알고 싶어 하지 않고, 알아야 할 필요도 없으며, 그에게 거짓말을 해도 그 영향이 극히 미미한 사회적 상황이 존재한다"라고 했다. '하얀 거짓말'이라는 표현이 있는데, 상대방이 상처 받는 것을 원치 않을 때 하는 무해한 거짓말을 일컫는다. 달리 표현하면 이 '하얀 거짓말'에는 말은 하되 표현하고 싶지는 않은 무언가가 내포되어 있다. 내가 한 거짓말처럼 말이다.

"정말 안타까운" 마음을 표현하려면

귀갓길에 나를 향해 컹컹 짖어대던 개가 더 이상 보이지 않게 된 것을 내가 안타까워할 이유는 없다. 노견 에마가 남겨둔 볼일의 흔적을 이리저리 피해 다니지 않게 된 것도 안타까운 일이 아니다. 그러나 이웃이 큰 슬픔에 젖어 반려견을 그리워하고 있는 것은 안타깝다.

나 역시 깊은 슬픔과 상실감을 겪어 보았으므로 그의 감정을 어느 정도는 이해하고 상상할 수 있다. 공감 능력이라는 말이 가진 의미도 바로 이것일 것이다. 그러나 내가 "에마가 그렇게 되어서 너무나 슬프군요"라고 말했다면 이것은 위선이다. 있지도 않은 감정을 꾸민다는 점에서 그렇다.

이 사례를 통해 우리는 감정의 원인을 이해하는 것보다 중요한 것은 감정 자체라는 사실을 배울 수 있다. 어떤 이들은 자신이 좋아하는 스포츠 팀이 경기에서 지는 것만으로도 크게 상심한다. 상심하는 것을 넘어 충격에서 벗어나질 못한다. 나 역시 내가 응원하는 HSV 팀이 사상 처음 2부 리그로 추락했을 때 그런 충격을 경험했다. 이런 모습을 비웃는 사람들도 있을 것이고, 나는 그들의 마음이 이해된다. 앞에선 나를 비웃었지만 어쩌면 그는 오랫동안 타던 자동차와 작별하고 눈물을 훔쳤을지도 모르는 일이니까 말이다. 내 눈에는 이런 사람들이 더 우스꽝스러워 보인다. 말하자면 누가 어떤 물건이나 사람에게 깊은 애정을 쏟고 그것을 잃었을 때 크게 상심하는 것이 적절한지 그렇지 못한지 판단하는 것은 우리의 몫이 아니다. 그러니 누군가에게 위로를 표할 때는 절대로 그의 상실을 평가 절하하지 마라. 이를 테면 이런 말로 말이다.

- "그냥 개/자동차일 뿐인데요, 뭘. 새로 사면 그만이죠."
- "스포츠에 뭘 그리 연연하나. 호들갑떨지 말게."
- "어쩌면 너에게는 잘된 일이야. 솔직히 난 볼 때마다 못마땅했거든."

타인이 슬퍼하는 이유를 이해할 수 없음에도 위로를 전하고자 한다면 당신이 겪었던 감정을 상기하며 다음과 같은 표현을 사용하라.

- "당신이 힘들어하는 모습을 보니 너무 안타까워요."
- "무언가를 잃는다는 건 잔인한 일이지. 슬퍼하는 너를 보니 내 마음도 아파."
- "저도 그 기분이 어떤 건지 알기 때문에 더 안타깝군요."

더하여

· · ·

슬픔에 잠겨 있는 이웃을 대하는 내 마음은 진심이었다. 내 대처도 적절했던 것 같다. 이듬해 여름 그의 집에서 열린 바비큐 파티에 초대받았으니 말이다. 그날 저녁 우리의 발치에는 조그맣고 매력적인 검정색 강아지가 깡충거리며 뛰어다녔다.

데려온 지 얼마 안 된 엠마라는 이름의 강아지 덕분에 이웃 남자의 얼굴에는 웃음꽃이 피었다. 심지어 나까지도 이 래브래도 종에 홀딱 마음을 빼앗겨 버렸다. 확신하건대, 다음번에는 나도 이웃 남자뿐 아니라 엠마를 떠올리며 안타까워하게 될 것이다.

선생님, 여기가 불편합니다
· · ·
병원에서의 민망한 상황 모면하기

"미하엘, 병원에 관한 일화도 책에 넣어봐."

40대 중반에 처음으로 전립선 검사를 받으러 병원에 다녀온 친구 힐마가 나를 채근했다. 맙소사! 그는 수많은 남자들을 수치심에 휩싸이게 만든다는 비뇨기과 검진을 받고 온 모양이었다. 그런데 수치스럽다는 이유가 무엇일까?

힐마의 대답은 이랬다.

"뒤에선 의사가 통화를 하고 간호원들은 계속 들락거리는 와중에 20분 동안 아랫도리를 내리고 누워 진땀을 흘리며 진료실 벽만 쳐다보고 있어야 했으니 썩 유쾌한 상황은 아니잖아. 그 자세로 한없이 누가 오기를 기다려야 하는데…….무슨 말인지 알잖나."

"음, 일단 몇 가지 지적해야겠군. 첫째, 간호원은 이제 간호사로 호칭이 바뀌었어. 둘째, 그 사람들은 자네 엉덩이보다 더한 것들도 수없이 봐온 사람들이야. 그리고 셋째, 그렇게 거북한데 왜 말을 안 했지?"

나는 이렇게 반문했다. 물론 이 중 마지막 질문이 내가 진짜로 궁금한 부분이었다.

"그 상황에서 뭐라고 말하라는 거지?"

친구가 어리둥절한 표정으로 물었다.

많은 사람들이 의사에게 진료 받는 일을 예외적인 의사소통 상황으로 받아들인다. 독감이나 운동 중 당한 부상이 아니라 은밀한 신체 부위의 질환 때문에 병원을 찾는 경우에는 특히 그렇다. 생리 현상과 관련 있는 기관이나 음부가 바로 그런 부위다.

관리 소홀이나 감염 위험, 나이, 무력한 증상에 관해 이야기하는 것은 매우 민망한 일이다. 누구나 젊음과 건강을 유지하고 싶어 하지 않는가. 이것 말고도 (하얀 가운을 입은) 의사에게서 발산되는 권위를 감지하노라면 약간은 긴장되는 것이 사실이다. 그래서 이런 것들을 불편하게 여기는 많은 사람들이 증세가 악화될 때까지 병원을 찾는 일을 미루거나, 어찌어찌 진료실에 입성한다 해도 해야 할 이야기를 솔직히 털어놓지 않으며, 그로 인해 결국 건강에 큰 위험이 초래되기도 한다. 그러나 민망함은 잠시뿐임을 명심하라. 그렇다고 의사의 진료를 앞두고 다른 누군가와 미리 상의할 필요는 없다. 그저 긍정적인 자기 언어화Self-verbalization를 통해 다가올 상황에 대비하면 된다.

선생님, 제 마음은요

당신이 앓는 질환에 관해 면담을 나눌 대상은 의사이지 병원 직원 전체가 아니다. 그러니 접수할 때 "안녕하세요. 의사 선생님을 뵈려고요"라고만 말해도 충분하다. 무슨 일로 왔느냐는 질문에는 차분하고 분명한 어조로 "들어가서 선생님과 이야기하겠습니다"라고 하면 된다. 접수대 직원이 눈살을 찌푸리든 말든 신경 쓸 것 없다.

의사와 마주 앉으면 문제에 관해 솔직하게 이야기하라. 증상을 정확하게 이야기할수록 진료에 도움이 된다. 언제 증상이 시작되었으며 무슨 약을 복용했는지도 이에 포함된다. 상의할 문제가 여러 가지라면 가장 '고약한' 문제부터 시작하라. 심호흡을 한 번 하고 긍정적인 자기 언어화를 상기한 뒤에 운을 떼면 된다.

안타깝게도 많은 의사들이 환자가 이야기를 시작하기도 전에 말을 끊어버리곤 한다. 그렇다고 당황하지 마라. 당신이 적극적으로 대처해야 한다고 생각된다면 의사에게 이렇게 청하라.

"선생님, 제게는 중요한 문제니 이야기를 끝까지 들어주셨으면 합니다."

이 외에 대화 중 불명확한 부분이 있으면 적절한 시점에 질문을 던져라.

- "무슨 문제라고 하셨지요? 병명이 정확히 어떻게 됩니까?"
- "치료 방법은 무엇인가요?"
- "그 치료법(또는 약)을 썼을 때 생기는 부작용이나 단점은 무엇인가요?"
- "다른 방법도 있습니까?"

76

어떤 검사는 종종 신체적 불편함을 유발하기도 하는데, 이는 어쩔 도리가 없다. 부위에 따라 수치스러운 검사도 있을 것이다. 물론 의사들은 이런 검사를 할 때 신체적 통증을 최소화하고 환자가 수치심을 느끼지 않도록 최선을 다한다. 그럼에도 종종 의사에게 이야기해야 하는 상황이 생긴다. 검사가 진행되는 동안 진료실에 의사와 단둘이 있고 싶지 않다면 솔직히 이야기하라. 성인이라고 해서 보호자를 대동해선 안 된다는 법은 없으니까 말이다.

- "혼자 검사 받기가 조금 거북한데 제 아내/친구/어머니가 옆에 있어 주셨으면 합니다."
- "검사가 다소 거북해서 그러는데 다른 분들이 나가주시면 마음이 조금 편할 것 같군요."

의사가 당신의 마음을 이해하지 못하거나 대수롭지 않게 여긴다는 생각이 든다면 관점의 전환을 시도해보라.

- "선생님의 가족이 문제를 겪는다면 어떤 조언을 해주시겠습니까?"

이런 질문을 던지면 확실히 주의가 환기될 것이다. 중요한 것은 마음이다. 그리고 이것은 비단 당신만의 문제가 아니다.

당신의 문제가 '문제'가 아닌 세 가지 이유

Ⅰ 이미 수많은 사람들이 겪은 문제다

은밀한 곳이 가렵거나 진물이 나는 사람이 세상에 당신 하나뿐이겠는가? 의사는 이미 수많은 환자들에게서 같은 증상을 보았다. 당신이 앓는 질환은 다른 사람들도 이미 겪은 문제다. 이 말이 믿기지 않는다면 옐 아들러Yael Adler 박사의 《은밀한 몸》을 읽어 보라. 요실금, 발기부전, 성인용품으로 인한 부상 등 우리가 쉽게 입 밖에 내기 꺼려하는 문제에 대한 수많은 정보가 담겨 있다. 이 책을 읽고 나면 틀림없이 의사를 찾아가는 발걸음이 한결 가벼워질 것이다.

Ⅱ 그것이 의사의 역할이다

의사들이 할 일은 당신의 건강에 생긴 문제를 돌보는 것이다. 날마다 하는 일로, 그들은 상상할 수 있는 모든 양상의 인체를 보는 데 익숙하다. 키가 크거나 작은 사람, 뚱뚱하거나 마른 사람, 젊은이와 노인, 머리숱이 풍성하거나 전혀 없는 사람, 근육이 우락부락하거나 빈약한 사람……. 의사 앞에서는 당신의 몸 상태를 부끄러워할 필요가 전혀 없다.

Ⅲ 수치를 기억해두면 조금 덜 수치스러워진다

'수치스러운 질병'에 관한 몇 가지 수치를 기억해두는 것도 회복에 어느 정도 도움이 된다. 30세 이상의 성인 가운데 절반은 치질을, 세 명 중 한 명은 무좀을 앓고 있으며, 성인 남성 네 명 중 한 명은 성기능 장애로 힘들어

하고 있다. 또 독일에서는 최소 6백만 명이 넘는 사람이 방광 기능 이상 증상을 겪고 있다. 그리고 남성보다 여성에게서 그 빈도가 두 배 높게 나타났다.

더하여

· · ·

힐마에게는 나중에 아내가 해준 말이 꽤 도움이 되었다고 한다. 아내는 그 검사가 썩 나쁘지 않다고 여긴 모양이었다. 덕분에 여성들이 주기적으로 감수해야 하는 산부인과 검진이 어떤 것인지 남편이 체험할 수 있었으니 말이다. 다만 사전에 이야기했더라면 엉덩이를 덮는 긴 티셔츠를 준비해 주었을 것이라고 덧붙였다.

2장

. . .

정말 멋지네요!

• • •
칭찬을 아낄 필요가 없는 이유

앞서도 이야기했듯이 나는 축구클럽 회원이다. 한 번은 우리 팀에 매우 중요한 (그래봐야 아마추어 리그지만) 경기가 열려서 나는 평보소다 더 적극적으로 경기에 임했다. 이리저리 뛰어다니며 힘에 부쳐 헉헉대는 동료들을 독려하기도 했다. 하지만 노력이 무색하게도 우리 팀은 그날 보기 좋게 패하고 말았다.

경기가 끝난 뒤, 상대 팀 선수 한 명이 내게 다가와 말을 건넸다.

"멋진 경기였어요. 동료들을 다독이는 모습이 정말 인상 깊었어요."

남자들은 평소에 칭찬을 들을 일이 별로 없고, 나 역시 칭찬에 인색한 편이다. 상대의 칭찬에 당연히 당황했고, 내 입에선 바보 같은 대답이 튀어나왔다.

"아, 그랬나요. 제가 너무 형편없는 패스를 하는 바람에."

집에 가는 내내 나는 반사적으로 그런 반응을 보인 스스로를 책망했다. 호의 넘치는 칭찬을 받으면서 왜 굳이 스스로를 깎아내리고 부정적인 대답을 했는지 내가 미웠다. 그토록 사려 깊은 인사에 감사의 표현조차 하지 않은, 아니 못한 것은 또 어떻고.

항상 겸손하라고 배우긴 했지만 그렇다고 내가 자만한 것도 아니잖은가. 또 곰곰이 생각해보면 팀이 패한 거지 객관적으로 내가 꽤 좋은 활약을 펼친 건 사실이었다.

나는 뒤늦게나마 상대 팀 선수의 말에 즉각 했어야 할 무언가를 했다. 바로 칭찬을 기쁘게 받아들이는 일이었다. 그러고 나니 팀은 패배했지만 기분 좋은 하루를 보낼 수 있었다.

그날 상대 선수의 칭찬이 더욱 의미 있었던 이유는 그가 아무 대가도 바라지 않았기 때문이다. 게다가 그의 칭찬은 내가 그날 보여준 모습과 관련된 것이었다. 예컨대 이는 외모에 대한 칭찬보다 훨씬 더 큰 의미를 갖는다.

세상에 다양한 종류의 칭찬이 있음을 아는 것은 중요한 일로, 애써 한 칭찬이 허공으로 흩어져 버리지 않게 하려면 그 종류를 파악할 수 있어야 한다. 그밖에 칭찬의 효과가 상실되거나 섣부른 칭찬으로 인간관계에 흠집이 생기는 것을 방지하려면 어떻게 해야 하는지, 또 칭찬할 때 삼가야 할 태도는 무엇인지 몇 가지를 알려주겠다. 그런데 내가 지금 이런 조언을 할 자격이 있는 건가.

칭찬의 네 가지 종류

I 외적인 요소에 대한 칭찬

아마도 가장 흔한 종류의 칭찬일 것이다. 동시에 가장 실수를 저지르기 쉬운 칭찬이기도 하다. 이를 테면 이런 말이 여기에 해당한다. "새 청바지가 정말 잘 어울리네요. 선생님의 활동성이 잘 드러나는 옷이에요."

진심에서 우러난 칭찬은 반갑고 기분 좋은 일이다. 그러나 불쾌한 표현이 나올 위험도 높다. 특히 칭찬하는 쪽과 칭찬받는 쪽의 힘에 차이가 있을 때 그렇다. 사람들은 대개 자신에 관해 좋게 말해주는 것을 좋아하지만 외적인 요소를 평가 받는 일은 예외일 수 있다. 심지어 어설픈 칭찬은 도리어 모욕으로 들릴 수도 있다. "새 셔츠를 입으니 정말 날씬해 보이네요." 이 한마디로 당신이 상대방에 대해 가지고 있던 생각, 그러니까 뚱뚱하다고 생각하고 있었다는 마음을 들켰다.

II 성격에 대한 칭찬

이 칭찬은 그 사람의 특성 및 특징과 관련된다. 이를 테면 이런 말이 여기에 해당한다. "내 고민을 들어줘서 고마워. 네 조언이 큰 도움이 됐어. 너처럼 믿음직스러운 친구가 있어서 다행이야."

또한 이 칭찬에는 근거가 뒤따라야 한다. 칭찬만 하고 끝내면 본의 아니게 비판으로 받아들여지기 쉽다. 인생이 늘 그렇듯 이것이 결정적인 한 방으로 작용할 위험도 있다. 그러니 타인의 특성을 언급할 때는 항상 그에 대한 긍정적인 평가를 덧붙여라.

III 감정에 대한 칭찬

이런 유의 칭찬을 할 때는 처음부터 진심을 다 쏟아야 한다. 이 칭찬은 상대방이 당신에게 어떤 감정을 불러일으키는지 보여준다. 이를 테면 이런 말이다. "너와 함께 있으면 정말 마음이 편해. 너에게는 어떤 일로도 상처 받지 않을 것 같아."

사람들은 대개 이런 칭찬을 들으면 기뻐한다. 그러나 다른 종류의 칭찬과 마찬가지로 이 역시 거북하게 받아들여질 수 있다. 게다가 듣는 이를 무척 부담스럽게 만들기도 한다. 상대방이 느끼는 감정에 상응하게 행동해야 한다는 의무감이 들기 때문이다.

IV 물질적인 것에 대한 칭찬

이 칭찬은 상대방의 소유물과 관련된다. 이 칭찬의 빈도는 문화권에 따라 차이가 있다. 예컨대 미국 문화권에서와 달리 독일에서는 "우와, 그 시계 정말 멋지네요. 비싸 보이는데요" 같은 칭찬을 하는 사람이 드물다. 물론 누가 자신이 가진 자동차나 보석을 칭찬하면 좋아할 사람은 어디에나 있다. 그래도 우리는 대부분의 경우 이런 칭찬에 상대방의 외모나 성격에 대한 칭찬을 덧붙인다. 이를 테면 이런 말이다. "우와, 그 시계 정말 멋지네요. 굉장히 비싸 보이기도 하고. 무엇보다 이걸 고르신 안목이 정말 뛰어나신 것 같아요."

적어도 내가 듣기에 이런 말은 칭찬보다는 부러움이 더 많이 들어가 있는 표현으로 보인다.

더하여

. . .

어떤 종류의 칭찬을 하든 말보다 중요한 것은 마음가짐이다. 진심에서 우러난 모든 칭찬은 마음의 표현이자 상대의 마음을 여는 열쇠이기도 하다. 자신에 관해 좋게 말해주는 것을 싫어할 사람이 어디 있겠는가. 게다가 그 대가로 칭찬해준 사람에게 보다 긍정적인 태도가 돌아온다. 칭찬은 이렇게 긍정적인 피드백을 유발한다는 점에서 유익하다. 칭찬의 말이 상대방을 기쁘게 만들어 이런 피드백이 나오는 것이다. 이로써 당신의 뇌에는 타인에게 긍정적인 감정을 일으켰다는 사실이 각인된다.

칭찬은 상대방뿐 아니라 자신에게도 선물이 된다. 당신에게서는 내면의 빛이 발산될 것이다. "당신에게서는 빛이 나는군요"라는 말은 언제나 효과를 발휘한다.

어이, 종업원!

· · ·

음식점에서 매너 있게 행동하는 법

이번에 다루는 내용은 어쩌면 식상하게 느껴질 수도 있다. 음식점에서 품위 있게 행동하는 법을 다룬 책은 수없이 많이 나와 있기 때문이다. 그러나 '품위 있게 바닷가재 먹는 법' 같은 정보는 넘쳐날지언정 그 이상의 문제들은 생각보다 많이 다루어지지 않고 있다.

알고 지내는 한 여성은 음식점에서 계산을 할 때면 늘 불편하다고 한다. 예전에 그의 부친은 음식 값을 치를 때면 과장스러운 동작으로 지갑을 식탁에 탁 내려놓으며 "어이, 종업원!" 하고 소리쳤다고 한다. 그때마다 부끄러움은 지인의 몫이었다. 그래서 오랫동안 궁리한 끝에 나름의 방법을 생각해냈다. 계산할 때가 되면 동행인에게 "저, 화장실에 다녀올 테니 혹시 종업원이 지나가면 계산하겠다고 이야기 좀 해줄래요?"라고 부탁하는 것이었다. 솔직히 좀 이상하지 않은가? 그런데 이게 다가 아니었다. 이 친구의 '화장실 전략'은 자리를 잡을 때부터 시작된다. 음식점에 들어서는 동시에 그녀는 가장 눈에 띄지 않는 자리를 찾아 두리번거린다고 했다. 종업원과 시선이 가장 덜 마주치는 자리에 앉기 위함이다. 내가 상상하는 즐거운 외식과는 거리가 먼 광경이다.

여유로운 외식을 위한 행동 수칙

여러 가지 행동 수칙이 있지만 몇 가지를 지키면 여유롭게 외식을 즐길 수 있다. 특히 고급 레스토랑을 찾거나 해외에서 식당을 방문하는 경우에는 다음 내용이 큰 도움이 될 것이다.

· 들어갈 때

예전에는 남성이 먼저 들어서서 여성을 위해 문을 잡아주고 외투를 벗는 것까지 도와주는 것이 예의였다. 그러나 여럿이 함께하는 경우도 있고, 또 남성이 혼자 메뉴판을 받고 여성에게 메뉴를 제안하는 방식은 다분히 시대착오적이다.

예약 없이 식당에 도착했다면 두 가지 상황이 벌어질 수 있다. 첫째는 종업원이 당신을 자리로 안내하는 경우다. 이때는 "안녕하세요. 세 사람이 앉을 자리로 부탁드립니다"라고 말하면 된다. 두 번째는 당신이 알아서 빈자리를 찾아가는 경우로, 편한 자리로 가서 앉으면 된다.

계산을 누가 할지 확실하지 않은 상황이라면 자리를 잡고 앉은 뒤에 이를 분명히 해두어라. 당신이 대접하고자 할 때는 "오늘은 제가 대접하고 싶습니다. 그러니 편히 드세요"라고 말하면 된다. 그렇지 않은 자리라면 "계산은 어떻게 할까요? 각자 하는 것으로 생각하고 있습니다만"이라고 말하면 된다. 다소 인간미 없게 느껴질지도 모르지만 뒤늦게 서로 불편해지는 것보단 처음부터 확실히 해두는 것이 낫다.

· 주문할 때

대개는 각자 먹고 싶은 메뉴를 주문할 것이다. 그러나 때로는 식사에 초대한 사람이 주문을 맡아 특별 메뉴를 제안하기도 한다. 개인적인 이유로 이를 사양하고자 한다면 이 시점에서 말을 꺼내야 한다.

동행인의 눈을 의식해야 하는 자리, 예컨대 처음으로 예비 시부모를 만나는 자리이거나 상사에게 초대받은 자리라면 익숙한 메뉴를 고르는 것이 좋다. 그러면 입맛에 맞지 않는다거나 나이프와 포크 사용이 익숙지 않아 난처해지는 상황을 예방할 수 있다. 초대 받은 자리에서는 메뉴에 있는 음식 중 가장 비싼 것을 고르거나 반대로 가장 소박한 메뉴를 주문하는 것도 예의가 아니다.

· 잔을 부딪칠 때

사적인 자리에서는 함께 모인 사람들이 공유하는 방식대로 하면 된다. 보다 형식적인 자리에서는 약간의 규칙이 적용된다. 우선 초대한 사람이나 자리를 주선한 사람이 건배사를 한다. 그러면 잔을 위로 들어 상대방 또는 동석자들과 시선을 맞추는 것이 좋다. 눈을 마주볼 수 있도록 항상 잔 가장자리를 눈높이보다 낮게 위치시켜라. 주선자를 대신해 모임의 최고 연장자가 건배사를 할 수도 있다. 잔이 비었더라도 스스로 채우는 일은 삼가라. 대개는 마주앉은 사람이나 세심한 사람이 잔을 채워줄 것이다.

· 식사 전

모든 동석자 앞에 첫 번째 요리가 담긴 접시가 놓이기 전까지 식사를 시작하지 않고 기다려야 한다. 사정상 기다릴 수 없는 상황이라면 기다리는 쪽에서 먼저 접시를 받은 쪽에게 식사를 시작할 것을 권하기도 한다. 가족이나 친구, 친한 동료들 간의 모임에서는 서로 "맛있게 드세요"라고 말하는 것이 전혀 문제되지 않는다. 그러나 사무적인 식사 자리나 회식에서는 이런 표현이 적절치 못하다. 식기를 들며 친근한 눈짓으로 대신하라.

· 식사 중

천으로 된 냅킨은 반을 접은 뒤 접힌 쪽이 몸을 향하도록 무릎 위에 펴두고, 식기는 바깥쪽에 있는 것부터 순서대로 사용한다. 특히 입을 식기 쪽으로 내미는 것이 아니라 식기를 입으로 가져가야 한다. 입에 음식이 든 상태에서는 말을 삼가야 하며, 입을 다문 채로 음식물을 씹는다. 자리가 자리인 만큼 음식 사진은 찍지 말고 스마트폰은 가방에 넣어두어라.

식사 중에는 계산할 때를 제외하고는 가능한 자리를 비우지 않는다. 화장실이 급한 상황이라면 다음 메뉴가 나오기 전의 틈새를 이용하라. "잠깐 실례하겠습니다"라며 양해를 구하면 된다.

· 계산할 때

모든 과정이 순조롭게 이루어졌다면 음식 값을 누가 지불하는지도 분명해졌을 것이다. 계산을 요청할 때는 짧게 손짓만 하면 된다. 다만 종업원이 소홀할 때는 주의를 환기시킬 필요가 있다. "여기요"라는 말이 자주 사용되는데, 이는 그래도 종업원에 대한 예의와 존중이 가미된 표현이다. '아가씨'라는 표현은 좋지 못하다. 거만하게 "어이!" 또는 "종업원!" 등으로 부르는 경우도 마찬가지다. 가능한 종업원과 시선이 마주치도록 유도하고, 부득이한 경우 약간 목소리를 높여 "계산 부탁합니다"라고 말하면 된다. 당신이 상대방을 초대했거나 모임의 주선자라면 조용히 카운터로 가서 계산하는 것도 괜찮다. 사무적인 자리일수록 계산은 조용히 하는 것이 원칙이며, 이때도 자리를 뜰 때는 양해를 구해야 한다.

이봐, 자네!

• • •

존댓말과 반말, 그 어디쯤

독자들 중에는 태어나서 처음으로 누군가 존댓말로 말을 걸어주었던 순간을 기억하는 사람이 있을 것이다. 나 또한 그중 한 사람으로, 특히 내게는 반말과 존댓말 사이의 경계가 드러난 결정적인 순간이 있었다. 여기에서 그 경험을 들려주고 경어와 반말이라는 주제와 관련해 당신이 알아야 할 모든 것을 이야기하고자 한다. 물론 그 이전에도 내게 경어로 말을 걸어온 사람은 종종 있었으며, 확실하다곤 할 수 없지만 최초로 존대를 받았던 기억도 있다.

지금 나는 담배를 피우지 않지만 당시에는 흡연자였다. 요즘도 가끔 여유롭고 특별한 순간에 고급 시거를 즐기긴 하지만 바쁘게 거리를 걸으며 담배 피우는 습관은 버린 지 오래다. 그러나 그 특별한 경험을 하던 무렵에는 흡연 습관이 단단히 몸에 배어 있었다.

그날도 나는 햇볕이 내리쬐는 거리를 걸으며 습관대로 담배에 불을 붙였다. 모든 것이 좋았다. 내 기억이 정확하다면 그날 나는 전반적으로 매우 만족스러운 상태였고, 그 기분을 즐기고 있었다. 만족스럽지 않을 이유는 또 뭐란 말인가.

그때 맞은편에서 고등학교 고학년인지 대학생인지 분간이 잘 가지 않는 두 젊은 여성이 다가왔다. 눈이 마주치는 순간 나는 그들 중 한 명이 내게 담배를 청해올 것이란 직감이 들었다. 못 줄 것은 또 뭔가. 음악 듣는 취향이 같을지도 모르고, 어쩌면 같은 클럽에서 스쳐간 사람들인지도 모르는데. 게다가 나는 이렇게 인상 좋고 털털해 보이지 않는가.

난 이미 준비가 되어 있었다. 그런데 완전한 착각이었다.

"실례합니다만 담배 한 대 얻을 수 있을까요?"

나는 내 귀를 의심했다. 그토록 정중한 말투라니!

나는 무척이나 떨떠름한 기분으로 담배 한 개비를 뽑아 들었다. 내가 더 이상 편하게 말을 걸 수 있는 나이가 아님을 번개같이 깨닫는 순간이었다. "실례합니다"로 말을 걸어야 하는 성인 남자라니! 젊은 여성은 실례한다는 말을 곁들인 존댓말로 내게서 느끼는 거리감을 확실하게, 그러나 예의 바르게 표현하고 있었다.

무척 당황스럽긴 했지만 그 여성의 행동은 올바른 것이었다. 기본적으로 우리는 서로에게 존대를 하지 않는가. 반말이나 편한 말이 오히려 언어 사용 규칙에서 예외인 셈이다.

반말은 누가 결정하는가

인간으로서 우리는 자신이 속한 집단의 보호를 필요로 하며, 사회적 존재로서 집단의 삶에 순응한다. 베를린자유대학의 생물학 교수인 페터 발슈부르거Peter Walschburger는 한 인터뷰에서 이렇게 말했다.

'(우리는) 태곳적부터 혈연관계가 있거나, 익숙하거나, 낯익은 동족들과의 접촉을 모색하며 낯선 사회적 파트너를 기피한다. 그래서 거리 조절은 사회적 관계에서 일어나는 근본 현상이다.'

영어에서와 달리 독일어에서는 존댓말이 이러한 거리 조절의 유효한 수단으로 쓰인다. 미국인들은 'you'라는 호칭을 사용하되 존대의 의미를 담고 있는 'Sir' 또는 'Ma'am'을 이에 폭넓게 덧붙인다. 말하자면 거리 조절은 만국 공통으로 존재하는 셈이다. 존댓말은 상대방에 대한 존중과 (친근하면서도) 예의 바른 거리 두기의 표현이다. 말로써 상대방으로부터 적당히 거리를 두는 것이다. 집단 내에서는 이 거리를 임의로 좁힐 권리가 아무에게나 주어지지 않는다. 여기에는 매우 구체적인 원칙이 적용된다. 가장 중요한 원칙들은 다음과 같다.

- 반말은 윗사람이 아랫사람에게 제안할 수 있으며, 역으로는 이루어지지 않는다.
- 사회생활에서는 성별과 관계없이 직위가 높은 쪽이 '윗사람'이다. 다시 말해 당사자가 소속된 위계질서 내에서 직위가 높은 사람, 즉 상사나 오랜 경력을 가진 직원이 이에 해당된다.

그래서 젊은 사장이 자신보다 연장자인 직원에게 반말을 제안하는 것이 허용된다. 직원 전체가 말을 놓거나 스스럼없이 지내고 있다 해도 새 직원이 들어오면 공식적으로 이에 초청하는 절차가 필요하다. 하지만 상대방이 반말을 제안했다 해도 이를 거부할 수 있으며, 이때 굳이 구실을 들 필요는 없다. 친절하면서도 분명한 어조로 이렇게 말하면 된다. "호의를 베풀어주셔서 감사합니다만 당분간은 지금처럼 지내고 싶습니다. 부디 양해해주셨으면 합니다."

또 술자리에서 분위기에 취해 서로 말을 놓게 되는 경우도 있는데, 자리가 파한 뒤에도 유효한 것은 아니다. 어제 서로 말을 놓자고 제안한 상사가 이튿날 그 사실을 기억하지 못하거나 없던 일로 하고 싶어 하면 원래대로 상호 존대하는 것이 맞다. 상사에게 아무 말이 없어 확신이 들지 않는다면 당신이 먼저 이야기를 꺼내 의견을 물을 수도 있다. "어제 회식 자리에서 말을 편하게 하자고 말씀하셨는데 제안하신 바가 회사에서도 유효한지요? 아니면 원래 하던 대로 할까요?"

이 외에 일시적으로 말을 놓게 되는 특수한 상황도 있다. 독일의 산악인이나 암벽 등반가들은 해발 1천 미터 이상의 고산지대에서는 말을 놓는 것이 일반적이다. 그러나 산을 내려오면 다시 상호 존대한다.

반말의 유효 기간이 지난 경우도 있을 것이다. 이를 테면 학창시절에는 선후배 사이가 아닌 이상 당연히 서로 반말을 한다. 그러나 30년이 지난 뒤에는 어떻게 할 것인가? 이처럼 긴 시간이 흐른 뒤에 우연히 동창과 재회했다면 우선 존대하며 분위기를 지켜봐야 한다. 물론 이전에도 가끔 연락을 주고받은 경우는 이에 해당하지 않는다.

더하여

· · ·

이런 몇 가지 규칙을 유념한다면 실수를 저지를 염려는 없다. 그러나 예외란 항상 존재한다. 같은 언어권이라 해도 지역에 따라 규칙이 다른 경우도 많다. 독일의 경우 함부르크와 뮌헨에서 각각 다른 존대의 규칙이 적용된다. 가령 독일 북부에서는 존대를 하되 "카르스텐 씨, 차 한 잔 드릴까요?"라는 식으로 성을 빼고 친근하게 이름을 부른다. 반면에 남부에서는 말을 편하게 할 때도 "이보게, 밀러. 컵 두 개만 가져다주게"라는 식으로 상대방의 성을 호칭으로 사용한다.

아이고, 여기서 뵙다니요
• • •
사적인 시간에 상사를 만났을 때

한 회사에서 임원으로 일하던 시절, 휴가는 나와 거리가 먼 단어였다. 당시 내 관심사는 오로지 커리어를 쌓는 것뿐이었다. 이런 나를 더이상 참아줄 수 없었는지 마침내 지중해에서 느긋한 휴가를 보내자는 아내와 큰딸의 시위가 시작되었다. 일은 잠시 제쳐두고 가족끼리 시간을 보내자는 것이었다. 결국 우리는 그나마 관광객이 적은 해변에 방갈로를 빌려 휴가를 보내기로 했다.

일에 치여 기진맥진한 상태에서도 꿈결 같은 휴가를 보낼 생각에 기뻤다. 힘든 줄도 모른 채 3시간의 비행을 마치고 공항에서 수하물을 기다리고 있던 그때.

"아유, 여기서 이렇게…… 아이고, 이거 참!"

당시 내 고용주였던 사장이 들뜬 목소리로 반갑게 손을 흔들며 다가오는 게 아닌가. 인구 8만 명의 별로 크지 않은 도시에 사는 두 사람이 수천 킬로미터를 날아온 곳에서 마주치다니 우연도 이런 우연이 있단 말인가!

그런데 이런 우연은 결코 드문 일이 아니다. 지인들에게 이 일화를 들려줄 때마다 비슷한 일을 겪었다는 사람이 꼭 한 명씩은 있다. 당신도 그중 한 사람이지 않은가? 비단 휴가를 떠나는 길에 공항에서만 이런 일이 생기는 것도 아니다. 취미를 즐기는 중에도 이런 우연은 일어나며, 때에 따라 굉장히 거북한 상황이 발생하기도 한다. 한 지인은 사우나에서 상사와 마주치는 바람에 무척 당황했다고 한다.

그렇다면 이런 일이 벌어졌을 때는 어떻게 행동해야 할까? 무시하고 모른 척하는 것은 좋은 방법이 아니다. 호들갑스럽게 인사하는 것도 마찬가지다. 상사도 결국은 사람이다. 상황에 따라서는 당신 못지않게 그도 이런 만남이 불편할 수 있다. 그러니 휴가지에서 상사를 만날 경우에 대비해 다음 몇 가지 규칙을 기억해두라.

휴가지에서 상사를 만났을 때 대응하는 다섯 가지 방법

ㅣ 평소처럼 예의를 갖추어라

업무 외 시간이나 휴가지에서 상사를 만났을 때 가장 중요한 원칙은, 직장에서처럼 똑같은 예의를 갖추고 거리를 두는 것이다. 회사에서 존대하는 사이라면 휴가지에서 우연히 만났다고 해서 말을 편하게 할 이유가 없다. 상사가 특히 공사를 엄격하게 구분하는 사람이라면 마라톤 동호회에서 우연히 만났다 한들 친구처럼 대해서는 더더욱 안 된다. 양쪽 모두 이튿날 혹은 휴가 뒤에는 원래의 자리로 돌아갈 것 아닌가?

‖ 선을 넘지 마라

병원이나 약국 같은 데서 만났을 때는 더욱 신중해야 한다. 어떤 장소에서 마주쳤느냐에 따라 특정한 질문이 오갈 수도 있기 때문이다. 잘 알고 있겠지만 관련 질문을 던지는 것은 삼가야 하며, 상대방에게도 굳이 관련된 이야기를 할 필요가 없다. 그저 예의 바르게 인사만 하면 된다.

더 확실히 사생활을 보장 받고 싶을 때는 직접적으로 말하라. "오늘 여기서 만난 것은 우리 둘만 알았으면 합니다." 반대로 상대방이 요청하지도 않았는데 배려한답시고 굳이 나설 필요는 없다. "걱정 마세요. 이곳에서 뵀다는 얘긴 아무에게도 하지 않을 테니까요." 이렇게 말하는 사람은 돌아서기 무섭게 메신저로 소문을 퍼뜨릴 사람으로밖에 안 보인다.

‖ 호기심은 적당해야 좋다

레스토랑이나 영화관, 호텔, 상점(사우나 포함)에서 상사를 마주쳤을 때는 뷔페나 바에서 직접 맞부딪힌 것이 아닌 이상 가볍게 목례를 나누는 것으로 충분하다. 사생활을 지키고자 한다면 말이다. 반대로 상사의 사생활도 존중해주어야 한다. 다른 자리에서 줄기차게 자신을 관찰하는 시선이 느껴지면 부담스러울 수밖에 없다. 상사가 말을 걸어오면 예의 바른 태도로 적당히 선을 그어라.

문제는 상대방에게 동행이 있을 경우다. 그러면 상황이 한층 흥미진진해지는데, '같이 있는 여성이 꽤나 젊어 보이는데 딸은 아니겠지?!' 따위의 호기심은 접어두어라. 어쩌다 상사와 대화를 나누게 되어도 그가 동행인을 먼저 소개하지 않는 이상 당신도 굳이 그를 대화에 끌어들이지 마라. "같이 계신 분은 부인/따님이신가요?"라는 질문은 당신이 눈치 없음을 보여줄 뿐이다.

IV 회사 일은 회사에서

한 해의 하이라이트라 할 수 있는 휴가에 큰 의미를 두지 않는 사람이 어디 있겠는가. 그런데 하필이면 그 의미 있는 순간에 직장 상사와 마주치는 바람에 날마다 그를 보며 회사 일을 떠올리게 된다면 기분이 좋을 리 없다. 그런데 입장 바꿔 생각해보면 상사도 똑같은 심정일 것이다. 그러니 굳이 같은 투어 프로그램에 참가할 필요도 없고, 조식이나 석식 뷔페에서 마주친다 해도 눈인사 정도만 나누면 그만이다. 단, 잡담을 나눌 것인지를 결정하는 쪽은 상사여야 한다.

혹시 업무와 관련된 대화가 이어지면 당신 쪽에서 이를 받아들일 것인지 말 것인지 결정하라. 내키지 않는다면 이렇게 말하라. "회사에 복귀하기 전까지 시간이 남았으니 그 문제는 휴가 뒤에 생각해보는 게 좋을 듯합니다." "제 업무 대리를 맡고 있는 ○○○씨가 일을 잘 처리하고 있으니 믿고 맡겨 주십시오." 이렇듯 정중하되 단호하면 상대도 더 이상 말을 걸지 않을 것이다.

V 명확하게 상황을 종료하라

직원이 휴가를 즐기는 꼴을 절대 두고 보지 못하는 상사라면 문제가 생길 수 있다. 그쪽에서 "이런 곳에서 만나다니 내가 월급을 많이 주는 모양이지?" 또는 "이런 휴양지가 자네 형편에 어울린다고 생각하는가?" 따위의 언사를 남발할지도 모른다. 장소를 불문하고 불쾌하기 짝이 없는 언사다. 욱 하는 감정이 올라오겠지만 이럴 땐 명확하게 상황을 종료시키는 것이 현명하다. "제가 알아서 하겠습니다."

더하여

. . .

내가 경험한 뜻밖의 만남이 어떻게 마무리되었는지 궁금한가? 결론부터 말하면, 무탈하게 지나갔다. 그의 가족과 우리 가족이 머물게 될 해변이 서로 다른 곳이었음을 알고 나자 그도 나만큼이나 안도하는 눈치였다. 아니, 나보다 더 안도하는 듯했다. 우리는 긴 말 없이 헤어졌다. "그럼 즐거운 휴가 되십시오." 이것이 우리가 나눈 인사의 전부였다.

계산은 정확히 해야지!

• • •

친구가 빌려간 돈 상기시키기

인생을 사는 데 돈이 전부는 아니다. 물론 이 말은 돈이 넘쳐나는 사람이나 할 수 있는 말이다. 다음 월급일은 한참 남았는데 잔고가 이미 바닥인 사람에게는 다른 문제일 것이다. 이때 일어날 수 있는 특별한 문제들 중 하나는 우정에 흠집을 내지 않는 선에서 당신이 친구에게 빌려준 돈을 상기시키는 동시에 그 돈을 돌려받는 일이다. 이것이 결코 쉽지 않은 일임을 나는 수 년 전 친구 위르겐을 통해 깨달았다.

꽤 여러 해 전 처음 만났을 때 그는 마르고 지적인 타입의 호감 가는 친구로, 산악자전거에 한창 빠져 있었다. 20대 후반에 처음으로 스포츠에 관심을 갖게 되었다고 했다. 늦게 배운 도둑질이 무섭다고 했던가. 자전거 안장 위에서 보내는 시간만큼이나 인터넷을 뒤져 가며 더 비싸고 좋은 자전거 부품을 찾는 시간도 길었다. 처음에는 싸구려 자전거를 타고 다녔지만 시간이 갈수록 점점 더 비싼, 일명 신상 장비들을 갖추어갔다.

프랑스에 사는 친구의 결혼식에 함께 초대 받았을 때 나는 그러한 사정을 분명히 알게 되었다. 우리는 내 회사 차량인 파사트를 함께 타고 가기로 했다. 기름 값과 숙박비, 그 밖의 여행 경비는 공동 부담하기로 하고.

자전거를 너무 많이 탄 게 문제였을까. 그의 방광에 이상이 생긴 듯했다. 결혼식장에 가는 내내 그는 계산할 때만 되면 화장실에 가고 없었다. 주유비와 숙박비는 물론 여타 자잘한 비용까지 고스란히 내 차지가 되었다. 주말이 지나고 경비를 계산하면서 그가 미꾸라지처럼 도망 다니는 바람에 내 지출이 많아진 것을 눈으로 확인하니 한층 더 화가 솟구쳤다. 게다가 비용, 아니 '빚'에 관해 한마디도 하지 않는 그를 보며 불쾌함은 두 배, 아니 열 배가 되었다. 나는 위르겐이 다음번에 돈을 낸다든가, 최소한 나중에라도 자신이 진 빚에 관해 말을 꺼낼 것이라는 전제 하에 '일단' 계산했을 뿐이다. 그러나 그는 아무것도 하지 않았다.

돈과 우정 사이

돈 거래와 우정은 대부분의 경우 상생하기 어렵다. 돈을 빌려주면 친구를 잃는다는 말이 괜히 나온 게 아니다. 그러니 친구나 지인이 돈을 부탁했을 때는 친구와 돈 중 한쪽을 포기할 각오가 되어 있을 때만 수락하라. 심지어 친구가 월세를 내지 못해 쫓겨날 처지에 처해 있다 해도, 빌려준 돈으로 인해 당신이 곤란을 겪을 가능성이 배제된 상황에서만 그를 도와야 한다. 이때도 당신이 감당할 수 있는 이상의 금액을 빌려주어서는 안 된다. 금전적인 도움을 줄 수 없는 형편이라면 다른 방법을 찾으면 된다. 상대방이 취미 생활에 투자하거나 연인에게 깜짝 선물을 해주기 위해 돈을 빌리는 경우라면 가차 없이 거절하라. 당장은 미안하고 불편할지 몰라도 뒤늦게 돈을 돌려받기 위해 전전긍긍하다가 우정에 금이 가는 것보다는 낫다. 그러니 분명하게 말하라. "돈 거래는 하지 않는 게 내 원칙이야."

직접 말하는 것이 불편하다면 여유를 달라고 하라. "아무래도 어려울 것 같은데, 다음 달 예상 지출 좀 확인해보고 대답할게." 이렇게 말하면 잠시 시간을 벌 수 있다. 그런 다음에는 메시지나 메일로 거절 의사를 전하면 된다. '미안하지만 돈을 빌려주기는 어려울 것 같아. 그래도 어떻게든 도와주고 싶으니 다른 도움이 필요하면 언제든 연락해.'

누구도 다른 사람에게 자기 돈을 줄 의무는 없으므로 미안하다는 말을 강조할 필요는 없다.

그렇다면 이미 빌려준 돈을 돌려받고자 할 때는 어떻게 해야 할까? 사실 빌린 돈을 돌려달라고 어떻게 입을 떼야 할지부터 걱정일 것이다. 그러나 한 가지만은 명심하라. 그 돈은 당신이 일해서 번 것이다. 뻔뻔스러운 쪽은 그 돈을 빌리거나 자기 것인 양 쓰려는 친구다. 그러니 망설이지 말고 돌려받아라. 위르겐 같은 친구를 상대하게 되었을 때의 대처 방법에는 여러 가지가 있다. 그와의 사이에 다리를 놓되 당신이 이 점을 문제 삼고 있음을 분명히 표현하라.

빌린 돈에 관해 얘기하는 세 가지 방법

Ⅰ 타이밍이 오면 놓치지 말고 상기시켜라

그 친구와 또다시 동행하게 되었을 때 돈을 지불할 일이 생기면 명확한 태도로 (조금은 당연하다는 듯) 그에게 계산서를 넘겨라. 상대방이 위르겐이라 가정하고 이런 말로 다리를 놓으면 된다. "이번 달에는 나도 사정이 좋지 않아. 함께 프랑스 여행을 다녀왔으니 너도 알잖아. 오늘은 네가 계산해줘야겠어."

이때 위르겐이 두 말 없이 돈을 치르면 좋겠지만, 그렇지 않더라도 당신은 돈 이야기를 꺼낼 기회를 만든 셈이다. 적어도 위르겐은 이제 당신이 이 문제를 그냥 덮어둘 마음이 없음을 알게 되었다.

Ⅱ 단호하게, 더욱 단호하게

"내가 프랑스에서 그만큼 돈을 썼으니 이번에는 네 차례야."

그가 도저히 돈을 낼 형편이 아니더라도, 이번에도 이 화제를 꺼내어 돈 문제에 대한 당신의 입장을 분명히 할 기회는 생긴 셈이다. "지금 너한테 돈이 없다는 건 알겠어. 그런데 지난번 여행에서 내가 네 몫으로 지출한 금액이 150유로야. 이 돈은 반드시 갚았으면 해. 한꺼번에 갚을 수 없다면 조금씩 나누어 갚아도 돼. 나도 생활하려면 돈이 필요하거든." 그런 다음 "돈은 20일 내에 갚아 줘"라는 식으로 기한을 정함으로써 문제를 한층 더 명확히 할 수 있다.

III 상대에 대한 당신의 마음이 정리됐음을 보여주라

마지막 방법은 당신이 이 문제로 커다란 배신감을 느꼈으며 상대방과의 우정도 정리했음을 확실히 보여주는 것이다. "나는 친구로서 너를 신뢰했고, 내가 지불한 비용도 돌려줄 거라고 믿었어."

이 말에 내포된 강한 도덕적 비난은 위르겐으로 하여금 자신의 입장을 명확히 하도록 만든다. 이 방법으로도 당신은 최소한 이 문제를 수면 위로 끌어낸 셈이다.

더하여

. . .

무슨 방법을 써도 소용이 없을 때는 법적인 조치도 고려해야 한다. 그러나 대개는 이 방법이 크게 효과가 없다. 큰 금액이 아닌 경우에는 더 그렇다. 게다가 친구가 얼마나 빚을 졌는지 증명하는 것도 일차적으로 당신 몫이다. 안타깝게도, 곳곳에 넘쳐나는 위르겐 같은 사람들을 상대하는 일은 무척이나 번거롭다. 내 경우에는 위르겐을 그리 오랫동안 상대할 필요가 없었다. 그는 한 가지 일에 빠지면 다른 모든 일은 잊어버리는 인간이었다. 돈 문제도 마찬가지였다. 화를 곱씹은 끝에 말을 꺼내자 그는 창피해하는 기색으로 즉시 돈을 돌려주었다. 그 와중에도 자전거의 포크를 바꾸려던 계획이 물 건너갔다며 우는 소리를 해댔으나 그건 내가 상관할 바가 아니었다.

저는 댁의 자녀가 아닙니다

● ● ●
훈계하는 사람에게 대응하기

내 친구 토마스는 주말마다 노쇠한 퍼그종 반려견을 데리고 공원으로 산책을 나간다. 가끔 산책길에 겪은 일들을 내게 들려주곤 하는데, 듣다 보면 아주 재밌다. 한번은 산책 중에 신호가 온 견공이 길가에 볼일을 본 모양이었다. 토마스는 준비해온 비닐봉투에 뒤처리를 하기 위해 허리를 굽혔다. 바로 그때, 머나먼 어린 시절 어디쯤에서 들어보았음직한 날카로운 목소리가 뒤통수를 때렸다. 한눈에 봐도 트집쟁이 고집불통으로 보이는 노파가 길 건너 한 주택의 발코니에 서서 악다구니를 퍼붓고 있었다. "개가 꼭 거기서 볼일을 보게 놔둬야 했어요? 말을 좀 해보라고요, 말을!"

그러면서 썩 치우라고 호통까지 쳐댔다. '퐁퐁물'로 또 길을 닦게 생겼다며 불평도 늘어놓았다. 쉰을 바라보는 나이에 말주변도 좋은 토마스였지만 그 순간만큼은 아무 말도 하지 못했다. 발코니의 노파가 꽥꽥거리며 빨리 하라고 명령한 바로 일, 그러니까 뒤처리를 하기에도 바빴다.

나와 토마스가 어렸을 때는 이런 트집쟁이 노인들의 잔소리를 듣는 것이 일상적이었다. 시간도 남아돌겠다, 주위를 두리번거리며 온갖 일에 참견을 해댔다. "잔디밭에서 썩 나오지 못해!" "차고 앞에서 놀지 말라니까!" "낮잠 잘 시간이니 조용히 해!" "그놈의 바퀴 달린 판자때기는 왜 그리들 타고 돌아다니는 게냐!" "어서 집에나 가!"

'아이 하나를 키우는 데는 마을 전체가 필요하다'라는 나이지리아 속담을 그 노인들은 뼛속까지 새긴 것 같았다. 문제는 그들이 말하는 낮잠 시간이 정오부터 오후 세 시까지가 아니라 아무 때고 그들이 원하는 시간이라는 데 있었다. 잔디밭에서 놀아도 되느냐 마느냐를 결정하는 것은 집주인도, 녹지 담당 공무원도 아니고 이런 노인들이었다. 그들은 오로지 자신들의 필요와 큰 목소리로 권위를 얻으려 했다. 상대가 어린 아이인지 성인인지는 전혀 고려의 대상이 되지 않았다.

자신의 규칙을 강요하려 드는 사람들은 어디에나 있다. 트집쟁이, 옹고집, 꼰대, 벽창호들 말이다. 그들은 다른 사람의 주차 자리까지 마음대로 결정한다. 어디에 주차하면 안 되는지는 그보다 훨씬 더 중요한 문제였는데, 평소에 자기 차를 세워 두는 자리에 다른 사람이 차를 세우는 일은 절대 일어나선 안 됐다. 공원 잔디밭에 돗자리를 펴도 되는지, 바비큐 장에서 불을 사용해도 되는지, 아이들의 고무장화를 현관에 두어도 되는지 죄다 마음대로 결정했다. 그러나 이런 사람들이 우리의 경계선을 침해한다면 확실히 이를 주지시켜 주어야 한다.

트집쟁이, 꼰대, 벽창호를 상대하는 세 가지 방법

| 거리 두는 법을 배워라

모범시민으로서의 의무와 감시 사이의 경계는 명확히 정의된 바가 없다. 가령 내 차가 진입로를 막고 있다거나 장애인 전용 주차 공간에 주차되어 있다고 일러주는 사람을 나무랄 이유는 없다. 이 정도도 용납 못하는 사람은 차가 견인당해도 할 말이 없다고 생각한다. 그러나 먹고 남은 사과 심을 덤불에 던졌다거나 빈 병을 쓰레기통에 넣지 않고 옆에 세워 두었다며 훈계를 늘어놓는 사람에게 고분고분할 필요가 있는지는 의문이다.

남의 차에 놓인 주차 티켓을 들여다보고 주차 시간을 넘겼다며 근처 경찰서에 고발하는 것과 아무리 바빠도 어린이 보호구역에서는 속도를 줄이라고 일러주는 것은 천지 차이다. 뭔가를 주지시켜 주는 행위를 모두 부당한 공격이나 도 넘은 권위 의식의 발로로 볼 수는 없다는 의미다. 그러나 말이란 아 다르고 어 다른 법이다. 당신은 열 살짜리 어린 아이가 아니다. 그러니 당신을 어린 아이 취급하는 사람이 있거든 그냥 지나치지 마라.

|| 적절한 어조로 항의하라

당신이 규칙을 위반해서 정당한 지적을 받았든 그렇지 않았든 훈계하는 이에게는 친절하면서도 단호하게 반응하라. 단, 이때 절대로 상대방을 자극해서는 안 된다. 적절한 어조로 항의하기 위한 몇 가지 표현을 예로 들겠다.

- "말씀해주셔서 감사합니다. 그런데 좀 더 예의를 지키며 얘기해주셨더라면 더 좋았을 것 같네요."
- "무슨 말씀이신지 이해되지 않아서 그러는데, 다시 한 번 정확히 말씀해주시겠습니까?"

이때 상대는 자신의 어조가 적절하지 못했음을 깨닫고 머뭇거릴 것이다.

- "선생님의 말투가 굉장히 부적절하다고 보는데, 차분하게 말씀해주실 수 있나요? 그러면 저도 이 문제에 관해 이야기를 나눌 용의가 있습니다."

III 명확하게 선을 그어라

양심에 거리낄 것이 없다면 낯선 이의 호통에 휘둘릴 이유가 없다. 큰 목소리에 눌려 움츠러들 이유는 더더욱 없다. 이때 어떤 말을 해야 할지 모르겠다면 이렇게 대응해보라.

- "저를 선생님의 따님/아드님으로 착각하시는 것 같은데, 훈계는 자녀분들에게나 하십시오."
- "제가 신경 쓸 바 아닙니다."
- "뭘 문제 삼으시는 건지 모르겠습니다. 하느님에 관해서나 토론하는 게 어떨까요?"

더하여

• • •

사실 다 필요 없다. 이런 사람들과는 애초에 엮이지 않는 것이 상책이다. 당신은 어린 아이가 아니며, 당신의 인생을 사는 중이다. 타인의 악의에 덩달아 감정 상할 이유가 뭐란 말인가? 그러니 그저 머리를 절레절레 흔들며 이렇게 대응하라. "좋은 하루 보내고 갈 길이나 가십시오."

어린 시절의 우리는 보답 삼아 트집쟁이나 고집불통 어른들을 주기적으로 골탕 먹이곤 했다. 그때 친 장난이 아직도 먹힐지는 잘 모르겠다. 어쨌든 다음번에 토마스를 만나면 한번 시험해보자고 제안할 작정이다. 트집쟁이 할머니, 언제 한 번 찾아가겠습니다.

저는 댁의 자녀가 아닙니다 • • •

잠시 실례할게요

. . .

화장실이 급할 때 재빠른 대처법

화장실이 급할 때 어떻게 해야 하는지 모르는 사람은 없을 것이다. 화장실에 가서 볼 일을 보면 된다. 그러나 이는 집을 포함한 편한 장소에 있을 때나 해당하는 소리다. '야외'에 있을 때 급한 용무가 느껴지면 가까운 화장실을 찾는 일이 어렵기 때문이다. 다음 휴게소가 30킬로미터나 남은 꽉 막힌 고속도로에서라면 눈물이 날 정도이며, 해외라면 의도치 않은 상황이 벌어질 가능성은 더욱 커진다.

"자, 출발하기 전에 화장실에 미리 다녀올까?" 어린 아이가 있는 집에서 주말 나들이를 하거나 차에 타기 전에 으레 하는 말이다. 나 역시 아이들이 어렸을 때는 습관처럼 이 말을 했다. 잊을 수 없는 난처한 상황을 겪어 보았기 때문이다.

생각해보면, 특별한 날이었다. 금요일이고 늦은 시간이었지만 우리는 장을 보기 위해 서둘러 차에 올라탔다. 그런데 가는 길부터 조짐이 좋지 않았다. 급한 일이 있을 때면 늘 그렇듯 그날도 어김없이 빨간 신호와 연속해서 마주쳤다. 앞에서도 말했지만 그날은 금요일이었고, 퇴근하는 차량들은 가다 서다를 반복하고 있었다.

불현듯 두 가지 사실이 떠올랐다. 첫째는 내가 퇴근길에 맥도널드에 들러 만족스럽게 배를 두드린 뒤 커피 한 잔과 라지 사이즈 콜라까지 추가로 마셨다는 사실이었다. 둘째는 마트로 출발하기 전 아이들에게는 화장실에 다녀오라고 해놓고 정작 나는 가지 않았다는 사실이었다. 그게 얼마나 큰 실수였는지 운전 중에야 깨달았다. 그 와중에도 큰 볼일은 아니라는 사실에 안도했지만, 그래도 급한 정도는 이루 말할 수 없었다. 나는 식은땀을 흘리며 주차장에 들어섰다. 빨리 빨리!

"안에서 보자!"

나는 이렇게 외친 뒤 마트를 향해 내달았다. 그리고 미친 듯 화장실 표지판을 찾아 헤맸다. 더 큰 사고는 벌어지지 않았으니 안심하시라. 가까스로 목적을 달성했으니 말이다. 몸도 마음도 홀가분하게 가족들을 찾아나서며 나는 이 일이 도심 한복판이나 고급 레스토랑, 혹은 중요한 회의 중에 벌어지지 않은 게 천만다행이라고 생각했다. 게다가 표지판이 잘되어 있어서 그대로 따라가면 그만이었다. 누구에게 물어볼 필요도 없었다. 그러나 부득이 누군가에게 물어야 할 경우 다음과 같은 방법을 활용하면 부끄러운 상황은 피할 수 있을 것이다.

생리 현상 위기가 닥쳤을 때 대응법

· 도심에서

시내를 돌아다니던 중에 변의를 느꼈을 때는 그래도 안심이다. 대처할 수 있는 방법이 여러 가지이기 때문이다. 지도를 펴서 가장 가까운 지하철 역이나 큰 건물을 찾아 들어가면 큰 문제없이 해결할 수 있다.

눈에 띄는 음식점에 들어가 화장실 사용을 부탁하는 것도 방법이다. 물론 이때는 주인의 허락이 필요하다. 아무리 급해도 개인이 운영하는 곳의 화장실을 '마음대로' 사용할 권리는 없기 때문이다. "급해서 그러는데 화장실을 한 번만 사용해도 될까요?"라고 정중하게 물어라. 직원이 이를 거절한다면 작은 음료 하나라도 주문해라. 그러면 손님 자격으로 화장실을 사용할 수 있다.

· 음식점에서

식사 중에 화장실 문제로 자리를 떠야 하는 경우도 생긴다. 코스 요리가 나오는 레스토랑이라면 가능한 메뉴와 메뉴가 나오는 사이를 이용하라. 도저히 참을 수 없는 상황이라면 양해를 구하고 자리에서 일어나는 수밖에 없다. 아무리 편한 사이라도 '볼 일이 급하다'거나 '신호가 왔다'는 등의 점잖지 못한 표현은 삼가라. 화장실 위치를 찾지 못했다면 직원에게 예의 바르게 물어라.

· 남의 집에서

통상적으로는 초대한 사람이 처음에 집을 소개하며 화장실 위치를 알려
준다. 그렇지 않을 경우 용무가 생겼을 때 "실례지만 화장실을 써도 될까
요?"라고 물어보면 된다. 다만 대화 중에 갑자기 말을 끊지는 말고 이야기
가 잠깐 중단될 때까지 기다려라. 식사 초대를 받은 자리에서도 레스토랑
에서와 마찬가지로 음식과 음식이 나오는 틈을 이용해 화장실을 쓰는 것
이 좋다.

상호 배려와 위생 엄수는 어떤 상황에서도 우선되어야 한다. 특히 남의
집 화장실을 사용할 때는 더더욱 그렇다. 그러니 남성들이여, 남의 집에서
는 제발 앉아서 볼 일을 보시라. 누구도, 심지어 당신의 어머니도 당신이
사방에 남긴 흔적을 닦고 싶어 하지 않는다. 또 여러 사람이 있는 경우라
면 예기치 못한 상황이 발생하지 않도록 반드시 문을 잠그라. 그보다 훨씬
더 거북한 상황이 발생하는 것을 막으려면 용변을 보기 전에 휴지나 비데
가 있는지도 반드시 확인하라. 휴지가 비었다면 주인을 (여러 사람이 모인 자
리일 경우) 잠깐 한쪽으로 불러 부탁하면 된다. "실례지만 잠시 와주시겠어
요? 정말 죄송한데 화장실에 휴지가 보이질 않네요. 제가 여기저기 열어보
는 건 실례 같아서요."

이렇게 부탁하는 것도 아주 편하지는 않겠지만 더 불편한 상황이 발생
하는 것보다는 낫다.

· 면접장에서

왜 하필이면 면접장이냐고 묻고 싶은가? 긴장되는 자리에서는 방광이 특히 예민하게 반응할 수 있기 때문이다. 물론 면접을 보기 전 미리 화장실에 다녀오는 것은 기본이다. "실례지만 화장실이 어디 있을까요?" "손을 씻으려는데 어디로 가면 될까요?"라고 물으면 누구든 선뜻 알려줄 것이다.

더하여

. . .

언어권마다 화장실을 지칭하는 표현은 다양하다. 영어권에서는 Toilet, WC Water Closet, Restroom, Lavatory 등의 표현을 쓴다. 북미에는 공통적으로 '손 씻는 곳', 즉 'Washroom'이라는 단어를 사용하며, 러시아어에도 비슷한 표현이 있다. 러시아인에게 화장실의 위치를 물을 때는 손 씻는 곳이 어디인지 묻는 것이 좋고, 미국인에게는 'Restroom', 'Men's rooms', 'Ladies rooms'라는 표현을 사용하면 된다. 이 두 국가 출신의 사람들은 'Toilet'이라는 단어를 매우 거북하게 여긴다.

내 친구 라세는 노르웨이의 한 택시 운전사에게서 '화장실이 눈에 띄면 절대로 그냥 지나치지 말라'는 말을 들었다. 원래 이 말은 하랄 왕에게서 나온 것으로 알려져 있다. 동명의 왕이 많아서 그중 하랄 몇 세가 한 말인지는 알 수 없지만, 어쨌거나 슈퍼마켓에서의 경험을 통해 나는 그가 왜 이런 말을 했는지 십분, 아니 백분 이해하게 되었다.

제 자리입니다만
· · ·
(내) 자리에 앉아 가려면

그날 조냐는 완전히 진이 빠진 상태로 나와 겨우 마주쳤다. 이유인즉, 약속 장소로 오는 만원 기차 안에서 벌어진 소동 때문이었다. 조냐는 자신이 예약한 좌석에 앉아 있는 남성에게 자신의 자리임을 알리고 비켜달라고 요청했다. 하지만 상대는 자리에서 일어나기는커녕 들은 척도 하지 않았다. 조냐가 들고 있는 기차표는 독일 철도청과 맺은 좌석 예약 약속을 의미했다. 하지만 상대는 독일 철도청이 그 약속을 지키지 않았으며, 이는 자신이 알 바 아니라고 주장했다.

무슨 말인고 하니, 그날 기차 안에는 전광판이 꺼져 있었고, 독일의 기차 이용객이라면 익히 알고 있는 '예약된 좌석'이라는 안내 표시등에도 불이 켜져 있지 않았다. 남자는 철도청이 예약을 제대로 처리하지 않았으니 자신에게 따질 게 아니라 승무원에게 얘기하라며 조냐에게 맞섰다. 그렇게 다툼이 이어졌다. 남자는 좀처럼 물러서지 않았다. 추측컨대 자리를 지키려고 싸움을 벌이는 과정에서 더욱 고집이 생긴 모양이었다.

조냐는 결국 짐을 들고 좌석 옆에 선 채로 검표원이 오기를 기다렸다. 그러나 검표원은 끝내 나타나지 않았다. 조냐는 좌석 예약 표시가 제대로 되어 있지 않은 데 대한 사과도, 승무원의 도움도 받지 못했다. 말 그대로 혼자 싸워야 했던 조냐는 나를 만나 분통을 터뜨렸다. 사기에 모욕까지 당한 기분이라고 했다. 그러면서 내게 물었다.

"마하엘, 너라면 어떻게 했을 것 같아?"

열차의 차량 번호를 잘못 알고 올라탔다가 열차 전체를 비틀비틀 거슬러 올라가며 헤매기 일쑤인 나 같은 사람에게는 결코 쉽지 않은 질문이었다. 게다가 주기적으로 기차를 이용하지도 않는 터라 나는 아마도 내가 착각했다고 생각했을 것이다. 하지만 조냐는 기차를 자주 타기 때문에 착각했을 리가 없다. 과연 나라면 그 상황에서 어떻게 했을까?

막무가내인 상대를 만났을 때 대처하는 네 가지 방법

❘ 평정을 잃지 마라

사실 조냐의 입장에서 서서 가느냐 앉아서 가느냐는 중요한 문제가 아니었다. 몇만 원의 예약비를 날리느냐 마느냐의 문제도 아니었다. 핵심은 자신의 권리를 누리는 일, 그리고 부당한 대우를 받은 데서 느낀 모욕감이었다. 그러나 화를 내는 것은 현명한 방법이 아니며, 굳이 주변 승객들까지 불편하게 만들 이유가 없다. 거북한 분위기를 좋아할 사람이 어디 있겠는가. 제3자의 입장에서는 누군가 옆에서 목청 높여 불평하는 것도 달갑지 않다. 실제로 주변 사람들은 조냐가 법석을 떤다고 여겼다. 그러니 어떤 갈등 상황에서도 절대적으로 지켜야 할 기본 원칙은 '평정을 잃지 않는 것'이다.

조냐의 사례에서처럼 일이 틀어졌을 때는 침착하고 예의 바른 태도를 유지해야 한다. 다른 승객들의 관점에서 보면 상대 남성에게 잘못이 없는 건 사실이기 때문이다. 화를 내고 맞서는 것은 반발 행동으로 보인다. 그러니 예약한 표를 들이대며 이미 앉아 있는 승객을 일으키려 애써 봐야 소용없다. 그런데 자리를 차지한 승객이 착각한 사실이 하나 있다. 예약 좌석임을 알리는 표시는 고객 편의를 위한 서비스에 지나지 않는다는 점이다. 다시 말해 그런 표시가 없어도 예약은 유효하다. 그러나 이 사실을 모르는 사람이 많다.

‖ 정중한 태도를 유지하라

좌석을 차지하고 있는 사람에게 그곳이 예약된 자리임을 정중하게 알려라. 대개는 둘 중 한쪽이 차량 번호를 착각했거나 빈자리라고 생각해 잠깐 앉은 경우다.

- "실례합니다. 여기는 제가 예약한 좌석입니다."
- "죄송하지만 이 자리가 ○○번 맞나요? 제가 예약한 번호가 ○○이거든요."

이쯤 되면 상황이 어떻게 전개될지 드러난다. 예의 바른 사람이라면 즉각 자리에서 일어난다. 그러나 아닌 경우도 있다. 이럴 땐 좀 더 분명히 이야기하라.

• "여기 예약번호 보이시죠? 제가 돈을 주고 예약한 자리이니 제가 앉아야겠습니다."

‖ 이기지 못할 싸움은 시작하지 마라

장거리를 운행하는 기차에는 승객의 편의를 돌봐줄 승무원이 타고 있다. 그래도 문제가 해결되지 않는다면 승무원을 찾아라. 이런 문제 하나 해결 못하고 도움을 청하는 자신의 모습이 부끄러울 수도 있다. 하지만 잊지 마라. 당신은 지금 말이 통하지 않는 사람을 상대하고 있다.

승무원에게 일단 알리고 나면 자리싸움은 이제 그가 해결해야 할 문제다. 당신이 낸 예약금에는 고객의 애로사항을 해결하는 비용도 포함되어 있다. 중요한 것은 승무원에 대한 당신의 정중한 태도다.

승무원을 만나면 성명을 확인하라. 명찰을 착용하지 않았거나 글씨를 알아볼 수 없다면 직접 물어보는 게 좋다. 그리고 당신 입장에서 판단하도록 유도하면 상황을 조금 더 유리하게 이끌어갈 수 있다.

• "안녕하세요, 아무개 승무원 님. 문제가 생겨서 도움을 부탁드리려고요. 제가 ○○번 차량의 ○○번 좌석을 예매했는데 다른 승객이 앉아 계시네요. 자리를 내어 주지 않으시는데 어떻게 하면 되나요? 방법이 없을까요?"

IV 다른 가능성을 모색하라

독일에서는 이럴 때 지불한 비용을 돌려받을 수 있다. 단 그것뿐이다. 독일 철도청은 이런 경우 예약 비용만 환불해준다. 차량 수리 등으로 예약한 좌석을 사용할 수 없는 경우에는 그저 승무원의 도움을 기다리는 수밖에 없다. 그런데 이들은 당신이 권리를 행사할 수 있도록 돕는 것은 물론 당신에게 1등석의 빈자리를 제공할 수도 있다. 이 가능성을 슬며시 '떠보는' 것도 방법이다.

- "저 분이 고집을 피워서 승무원님까지 고생하시네요. 자리만 있다면 저는 어디에 앉아도 상관없습니다. 혹시 다른 칸에 빈자리가 있나요?"

더하여

· · ·

참고로 독일에서는 기차가 출발한 뒤 15분 이내에 예약한 좌석에 가서 앉아야 한다. 그 뒤에는 예약이 유효하지 않기 때문에 다른 사람이 앉아 있어도 권리를 주장할 수 없다. 이때는 끝까지 싸워 이기는 수밖에 없다.

나한테는 너무 비싸서 안 되겠어

. . .

모임 참가비나 여행비가 부담될 때

나는 십대 시절을 참으로 알차게 보냈다. 슐레스비히-홀슈타인 주에 있는 내 고향마을 슈바르트부크에서 기술 교육을 받았고, 축구클럽에서도 활동했으며, 사격협회에 몸담았던 적도 있고, 기타리스트로 활동한 적도 있다. 직업 교육을 받던 시절에는 누구나 그렇듯 나 역시 주머니 사정이 빠듯했다. 당시 가장 친했던 친구 올라프는 그때 이미 발트해의 해변에서 간이음식점을 운영하고 있었다. 당연히 나와는 사정이 달랐다.

우리는 꽤나 죽이 잘 맞았다. 올라프는 매우 활동적인 성격이었고, 걸핏하면 내게 함부르크에 놀러 가자거나 콘서트를 보러 가자고 했다. 부추기는 데 일가견이 있던 그의 제안을 뿌리치기란 거의 불가능했다. 거절에 번번이 실패하다 보니 어느덧 나는 유흥을 위해 여기저기서 돈을 빌리기 시작했다. 통장 잔고보다 청년으로서의 패기와 모험심이 훨씬 컸던 탓이라고 해두겠다. 솔직히 꼬집어 말하면 재미있는 것을 놓칠지도 모른다는 초조함, 또래들 사이에서 '가난뱅이'라는 비웃음을 당할지도 모른다는 불안감이었다.

함부르크에서 젊음을 불사르고 온 어느 날, 나는 그간의 출혈이 너무나도 컸음을 깨달았다. 보잘것없는 직업 교육생 월급으로는 도저히 메울 수 없는 수준이었다. 그날 나는 세상엔 두 가지 종류의 숙취가 있다는 사실을 깨달았다. 밤새 흥청망청 즐기고 난 다음 날 아침 두통약 두 알을 삼키고 신선한 공기를 쐬며 가라앉히는 숙취가 그중 하나라면, 다른 하나는 하룻저녁에 돈을 물 쓰듯 쓰고 난 뒤 정신을 차렸을 때 나타나는 재정적 숙취였다. 당연히 후자가 더 지독했다.

재정적 숙취는 거의 일 년 가까이 나를 괴롭혔다. 허리띠를 바짝 졸라매고 닥치는 대로 아르바이트를 하는 동안 나는 빚이라는 걸 근본적으로 경계하게 되었다.

세상에는 한때의 나와 같은 사람들이 헤아릴 수 없이 많다. 우리는 스스로 원해서 혹은 재정 상태가 한계에 다다랐다는 사실을 인정하지 않으려 선을 넘곤 한다. 그러다 진실을 인정하고 나서는 자신이 분위기를 깼다는 죄책감이나 혼자만 소외당했다는 불안감에 힘들어한다.

인생을 긍정적으로 가꾸어 나가는 데는 의사소통이 도움이 된다. 친구들이 또다시 여행을 계획하고 있을 때 적당히 발을 빼려면 노련한 의사소통 전략이 필요하다.

재정 상태를 솔직하게 공개하는 세 가지 방법

Ⅰ 변명하지 마라

"나한테는 너무 비싸서 안 되겠어."

이 말이 쉽게 나오는 사람은 없을 것이다. 그러나 살다 보면 주머니 사정이 빠듯해 그럴 수밖에 없는 상황이 생긴다. 물론 두세 번쯤은 이런 이유가 통할 것이다. 그러나 매번 발을 뺄 구실을 찾느라 전전긍긍할 순 없지 않은가? "미안하지만 요즘 형편이 좋지 않아. 부모님이 이혼하셔서 내가 어머니께 재정적으로 도움을 드려야 하거든. 다음번엔 꼭 참석할게."

그러나 다음번에도 비용을 감당할 수 없기는 매한가지일 것이다. 재정적으로 친구들과 큰 차이가 난다면, 또 피치 못할 사정이 있다면 분명하게 이야기하는 게 가장 좋다. 그렇지 않으면 번번이 비슷한 상황에 처하거나 나처럼 여기저기서 빚을 지게 될 수 있다.

Ⅱ 솔직하게 털어놓아라

재정 문제로 활동에서 빠져야 한다면 반드시 사전에 상황을 설명해야 한다. '사실은'이라는 말로 시작되는 변명은 하지 않은 것만 못하다. 없던 절약 정신이 갑자기 투철해졌다는 말을 믿을 사람은 없다. 그러니 돈 걱정이 된다면 미리 설명하라. 집단 내에 으레 존재하는 대표 격의 사람에게 귀띔해 두는 것도 좋고, 그게 불편하다면 모임에서 가장 친한 사람에게 말해도 된다. 친구들과 거리가 생기는 것을 원치 않는다면 대안을 제안하라.

- "내가 요즘 주머니 사정이 좋지 않아서 그러는데 비용이 조금 덜 드는 걸 하면 어때? 음식을 포장해 집에서 간단히 마시는 것도 좋고, 무료 야외 축제도 재미있을 것 같은데."
- "솔직히 말하면 점심때마다 레스토랑에 가는 비용이 내게는 큰 부담이야. 날씨도 좋은데 도시락을 사다 야외에서 먹는 건 어때?"

가끔은 좀 더 명확하게 표현해야 하는 상황도 있다. 활동에 비용이 너무 많이 드는 것 같다고 직접적으로 말하면 된다. 재정 상태에 맞게 소비하는 것은 당연한 일이다.

- "나는 너희들과 어울리는 게 무척 즐거워. 그런데 내 벌이가 시원찮다 보니 매번 함께하는 게 쉽지 않아."

III 입장은 분명하게, 마무리는 명확하게

비싼 리조트 대신 등산을 가는 데 모두가 찬성했다면 문제는 해결된다. 그러나 솔직하게 공개했음에도 의견이 다른 경우가 생길 수 있다. 당연하다. 친구가 '그깟 몇 푼'이 뭐가 문제냐고 일축할 때, 당신 제안에 관심을 보이지 않을 때는 거북하더라도 그들과의 교류를 재고해 봐야 한다. 속내를 숨겨 가며 어울려야 하는 사람, 당신의 상황이나 필요를 배려해주지 않는 사람과는 장기적으로 원만한 관계를 유지하기 어렵다. 이럴 땐 입장을 분명히 하고 마무리하는 것이 좋다.

- "미안하지만, 나는 이제 돈을 아껴야 할 상황이라 모든 모임에 나올 수는 없을 것 같아. 너희들에게 무슨 불만이 있어서 그러는 건 절대 아니니 오해하지 말고 모임 계획이 있을 때 꼭 알려줘."
- "이번에는 빠질게. 가고 싶지만 지금은 그럴 형편이 못 되거든. 그래도 가끔은 참여할 수 있으니 앞으로도 모임이 있으면 연락해줘."

'재정 위기'가 하루아침에 파산으로 이어질 수도 있다는 사실을 항상 명심하라. 나는 젊은 나이에 험난한 가시밭길을 걸으며 이를 온몸으로 체험했다. 게다가 조금만 생각해보면, 그런 체험이나 활동 중 다수는 스트레스를 감수해가며 참여할 만큼 가치 있는 것도 아니다. 그때쯤이면 당신도 "너무 비싸서 할 수 없어"가 아니라 "그다지 하고 싶지 않아"라고 말하게 될 것이다.

그냥 솔직히 말할게!

. . .

우정을 지키며 친구를 비판하려면

친구의 눈앞에 그를 비추는 거울을 들이대기란 쉽지 않은 일이다. 어떤 문제든 마찬가지다. 이 문제를 해결하는 데 필요한 것은 상대방의 행동을 지적해줄 수 있는 용기, 그리고 이를 현명하게 표현하기 위한 약간의 지혜뿐이다. 이 조건만 충족된다면 선의의 비판이 양쪽에게 매우 큰 수확이 될 수 있다. 상대방을 가장 잘 아는 사람도 결국 오랫동안 곁에서 지켜본 친구 아니겠는가?

토비아스는 내가 무척 좋아하는 친구다. 우리는 학창시절부터 알고 지냈다. 그런데 그에게는 매우 특이한 결점이 있어서, 나를 비롯한 다른 친구들이 종종 애를 먹곤 했다. 우선 그는 극단적일 만큼 시간관념이 없었다. 알고 지낸 시간이 길어지면서 이건 어느 정도 적응했다. 그러나 인생의 거의 모든 영역에 관한 그의 확고한 자의식에는 도저히 익숙해질 수가 없었다. 정확히 말하자면, 토비아스는 무엇이든 자신이 다른 누구보다 잘 알거나 잘할 수 있다고 자부했다. "거기서 맛있는 음식을 먹었다고? 내가 얼마 전 가족들과 바비큐 파티에서 먹은 음식과는 비교도 안 될걸." "거기서 휴가를 보냈어? 물론 봄에도 아름다운 곳이지. 하지만 거긴 가을에 가야 제맛 아닌가?" "자동차 실내 세차를 받았어? 진작 나한테 물었어야지! 엄청 잘하는 업체를 알고 있는데!" 매번 이런 식이었다. 그가 모르는 것이란 없었다. 모르는 것도 어쨌거나 남보다는 더 안다는 식이었다.

안타깝게도 그의 잘난 척은 세월이 갈수록 심해졌다. 심지어 모임에 토비아스가 온다고 하면 일부러 빠지는 친구까지 있을 정도였다. 그가 왔다고 하면 갑자기 일이 생겼다며 황급히 자리를 빠져나가는 경우도 있었다. 나 역시 그 친구들의 마음이 십분 이해됐다. 그러나 나는 모든 친구들이 좋았고, 그들을 각각 만나기에는 시간이 부족했다.

고민 끝에 내가 행동에 나서기로 했다. 먼저 토비아스에게 미끼를 던졌다.

"이봐, 토비아스. 너는 아는 게 많으니 뭐 하나만 물을게. 내가 아는 어떤 사람이 매사 자기가 잘났다고 나서서 골치거든. 언제 만나서 이 문제를 의논할 수 있겠나?"

그 뒤에는 결코 쉽지만은 않았던 긴 대화가 이어졌다. 물론 내 결심은 옳았던 걸로 드러났다. 내가 이야기한 사람이 누구인지 눈치 챈 토비아스가 이후 내게 메시지를 보낸 것이다.

'미하엘, 나는 우리의 우정을 정말 소중하게 생각해. 네가 나를 거울처

럼 비추어준 게 정말 큰 도움이 됐어. 참으로 훌륭한 방법이었어! 고마워.'

　친구나 지인들 사이에서 이처럼 거슬리게 행동하는 사람이 있다면 다음 몇 가지 전략을 활용해보라. 사소하고 성가신 행동에서부터 해악이 되는 행동에 이르기까지 적용 범위도 다양하다.

상대의 얼굴에 거울을 비추기 위한 3단계 전략

┃ 1단계_사전 준비하기

말하기 전에 심사숙고해서 손해 볼 일은 없다. 친구의 얼굴에 거울을 들이댈 수밖에 없는 이유가 무엇인지, 어떤 점에 관해 이야기할 것인지 명확히 정리하라. 대화하기 전에 당신이 느끼는 감정을 솔직히 적어보는 것도 도움이 된다.

- 당신이 문제 삼는 일이 단발적인 일인가, 아니면 친구의 기본적인 행동방식을 보여주는 일인가?
- 자신의 행동이 당신을 비롯한 주변 사람들에게 어떻게 비치는지 친구가 모르고 있을 가능성은?.
- 어떤 사례를 들어 얘기할 것인지 미리 생각해두었는가? 어느 지점에 문제가 있는지 확실히 짚어 주지 않으면 대화가 다툼으로 번질 수 있다. "너는 항상……"이라는 말은 절대 금물이다.

불평하거나 몰아세워서는 안 된다. 대화의 목적은 친구로 하여금 스스로를 돌아보게 하려는 것이지 그를 공격하려는 것이 아니다. 방해 요인이 없는 장소에서 충분한 시간을 두고 목적에 맞는 얘기만 하라.

- "할 말이 있어서 만나자고 했어. 듣기에 불편할지도 몰라. 하지만 중요한 문제라고 생각해서 하는 말이야. 너에게 절대 상처를 주려는 게 아니니 오해하지 말고 들어줬으면 해."

이때 가능하면 '너'보다는 '나'를 주어로 삼아라. "네가 나를 화나게 만들어"라는 표현보다는 "나는 네 행동 때문에 상처 받았어"라고 말하는 게 좋다. 또 감정이 북받칠 수도 있으니 미리 대비해야 한다. 절대로 화를 내지 말고 평정을 유지하라.

- "지난 수요일 모임에서 네가 나와 다른 친구들 말을 자꾸 끊는 바람에 무시당한다는 느낌이 들었어. 지난 몇 달 동안 그런 일이 잦아서 내가 많은 상처를 받았어. 이제 너를 만나도 별로 반갑지가 않아."

그런 다음 친구의 대답을 귀 담아 들어라. 차분하게 상대방이 말을 마칠 때까지 기다려라. 눈을 치켜뜨는 등의 신경질적인 태도나 거부하는 몸짓은 금물이다. 그리고 다음 단계에서는 당신이 바라는 바가 무엇인지 명확히 설명하되 상대방의 제안도 함께 유도해보라.

- "앞으로는 대화할 때 말을 끊어서 내 감정을 상하게 하는 일이 없었으면 좋겠어. 네 생각은 어때?"

대화를 나누어 기뻤다는 말과 함께 당신의 말을 들어준 데 대한 고마움을 전하라. 대화가 뜻한 방향으로 흘러가지 않았어도 지나치게 부정적인 감정은 드러내지 않는 것이 좋다.

- "내 얘길 들어줘서 고마워. 나한테는 우리 우정이 소중하기 때문에 꼭 대화를 나누고 싶었어. 언제든 내게 할 얘기가 있으면 연락해."

Ⅲ 3단계_대화가 끝난 뒤
친구가 또다시 예전과 같은 행동을 할 경우 즉각 이를 주지시켜라.

- "바로 이 문제 때문에 지난번에 나랑 얘기를 나눈 것 같은데, 어떻게 생각해?"

오늘 계산은 각자 하는 거야

• • •

공짜 좋아하는 사람에게 대응하기

친구나 지인들을 호구 취급하는 사람과 어울리는 건 쉽지 않은 일이다. 그런 사람들은 당신의 넷플릭스 계정을 빌려 쓰다가 당신이 그것을 해지하면 불평을 해댄다. 빵집에 가는 김에 '내 것도 좀' 사다 달라는 말을 아무렇지 않게 한다. 얼결에 술값 몇 번 계산해주고, 어차피 하는 출근길에 몇 번 태워주다 보면 당신의 재정 상태에는 문제가 생길 것이고, 주유비는 고스란히 당신의 부담으로 남을 것이다.

오해하지 마라. 누군가에게 호의를 베푸는 일은 결코 나쁜 것이 아니니까. 모든 이들이 더 많은 호의를 베풀면 세상은 한층 아름다워질 것이다. 하지만 이런 빈대 같은 사람들은 그 상황에서 뭐가 문제인지 파악하는 감각이 결핍되어 있다는 점에서 보통 사람들과 다르다. 그래서 당신을 이용하고 선의를 당연하게 받아들인다. 얻어먹기 좋아하는 이런 사람에게는 두 가지 특징이 있다. 하나는 "이번에만 좀……" "미안한데 지금 돈 있어?" 같은 말을 남발한다는 점이고, 다른 하나는 타인의 호의를 당연하게 받아들인다는 점이다. 당신 주변에도 이런 사람들이 있는지 모르겠다. 어쨌거나 내 주위에는 있다.

두 명의 친구와 만나기로 한 날이었다. 하필 그중 한 명이 (신상 보호를 위해 한스라 부르겠다) 위에 설명한 축에 속했다. 놀러 다니는 것은 좋아하지만 자기 몫의 술값이나 밥값을 치를 돈은 가지고 다니지 않기로 소문난 한스였다. 나도 처음 몇 번은 기꺼이 음식 값을 대신 내주었다. 그런데 이것이 습관이 되자 뭔가 대책을 세워야겠다는 생각이 들었다. 돈이 없으면 굳이 자리에 나오지 말라고 충고했다. 충고는 하되 그래도 한스 몫을 계산해주자고 우리끼리 얘기한 상태였다. 다만 그가 어떻게 반응하는지 지켜볼 요량이었다. 그렇게 말해도 어차피 한스는 모임에서 빠지지 않을 것이었다. 그리고 예상은 들어맞았다. 역시나 한스는 만나자마자 돈이 없다는 말부터 꺼냈다. 미안한데…… 미안하지만……. 이번에는 은행 현금 인출기가 고장 났다는 게 이유였다.

"그럼 그냥 따라와야지, 뭐."

우리는 술값을 대신 내줄 수 없다고 확실히 이르고는 돌아서서 화제를 바꿨다. 덕분에 붉으락푸르락하는 한스의 표정은 보지 않아도 되었다. 술집에 도착한 나는 종업원에게 두 사람 몫만 주문하겠다고 했다. 친구 간에 너무 매정하다고 생각하는가?

이때는 행동하는 일과 상대방에게 맞서는 일 사이에서 균형을 맞출 필요가 있다. 상대방은 배려만 없는 게 아니라 타인을 이용하는 자신의 행동이 짜증을 유발한다는 것도 모르고 있을 가능성이 높다. 과거에 나는 그런 상황에 대처하기 위해 몇 가지 방법을 활용했다. 당신에게도 도움이 될 것이다.

빈대에게 대응하는 네 가지 전략

┃ 원하는 바를 사전에 피력하라

예정된 일을 하기에 앞서 거기에 들어가는 비용을 당신 혼자 부담하지 않겠다는 뜻을 확실히 하라. 여럿이 함께 어울리는 자리라면 모두를 향해 말하라. 그러면 특정한 누군가를 망신 주지 않으면서도 바라는 바를 분명히 할 수 있다.

- "친구들, 미리 말해두는데 오늘 계산은 각자 하는 거야."
- "운전은 내가 할게. 주유비는 출발하기 전에 미리 나누었으면 해."
- "초밥 사러 갈 건데 필요한 사람 있으면 사다 줄 테니 메뉴랑 초밥 값 미리 줘."

┃┃ 거절을 번복하지 마라

빈대들은 어떻게든 목적을 달성하려고 한다. 그러니 결코 돈을 빌려주거나 다른 방식으로 타협하지 마라. 누구도 그를 위해 돈을 쓰지 않을 것이라는 메시지가 상대방에게 확실히 가 닿아야 한다.

- "안돼. 친구들에게 무턱대고 돈을 쓰다가는 얼마 못 가서 나까지 쪼들리게 될 거야."
- "자기 몫은 각자 부담하기로 하자. 너만 돈을 내지 않으면 불공평하니까."
- "각자 내기로 했잖아. 이제 와서 네 몫을 내가 대신 내줄 순 없어."

III 상대방을 대화로 이끌어라

한스는 1번과 2번 전략의 중간쯤에서 상황을 파악했다. 그러나 그보다 고집스러운 친구를 상대할 때는 직접적으로 문제를 제기하는 수밖에 없다. 우정에 금이 가지 않을까 걱정하지 마라. 지금 말하지 않으면 언젠가는 더 큰 일이 벌어질 것이다. 소중하다고 생각하는 친구라면 더더욱 말해줘야 한다. 귀한 우정인 만큼 이대로 등 돌리고 싶지 않다는 점을 언급하라.

- "나도 너를 만나는 일이 즐거워. 하지만 매번 비용을 혼자 감당할 순 없어. 앞으로 네 몫은 네가 부담했으면 좋겠어. 그렇게 하지 않으면 더 이상 너를 만날 수 없어. 비용이 부담이라면 돈이 덜 드는 방법을 찾아보자."
- "나는 너를 정말 좋아해. 그렇지만 계속해서 네 몫까지 내다 보니 너한테 이용당하는 느낌이야. 그러니 앞으로는 네 몫은 네가 직접 계산했으면 해."

IV 관계를 정리하라

이렇게까지 했음에도 통하지 않는다면 다른 방법이 없다. 과감하게 관계를 끊어라.

• "너에게 이용당하는 것 같아 감정이 상한다고 이야기했는데 변한 게 없구나.

친구로서 너를 좋아하지만 이렇게 감정이 상하면서까지 만나고 싶지는 않아.

이쯤에서 우리 관계는 정리하는 게 좋겠어."

한스 같은 친구가 주변에 있다면 지나친 호의는 접어두라. 처음에는 괜찮다고 생각할지 모르지만 언젠가는 분명 희생양이 나온다. 당신이 그 주인공이 되는 일은 없었으면 좋겠다.

더하여

. . .

그날 일에 대해 좀 더 얘기하면, "두 잔이요"라는 내 말에 한스가 씩씩대며 입을 열었다.

"참 좋은 놈들이다. 놔두라고! 1차는 내가 쏠 테니까."

그러고는 지갑을 꺼내더니 종업원에게 가서 주문을 하는 것이었다.

돈이 없는 게 아니라 애초에 공짜를 바란 것이었다. 그는 자기 몫의 술값을 내고도 남을 만큼의 돈을 가지고 있었다. 다만 자기 돈을 꺼내기에 앞서 우리에게 죄책감을 유도함으로써 자기 몫의 술값을 지불하게 만들려던 것뿐이었다.

귀찮게 하지 마세요!

· · ·

치근대는 이를 거절하는 법

살다 보면 막무가내로 다가오는 사람들이 있다. 이쪽의 의사를 무시하는 건지, 사회성이 결핍된 건지, 둘 다 아니면 악의를 품고 일부러 그러는 건지 알 수 없지만 어쨌거나 이들은 상대하고 싶지 않다는 온갖 신호에도 아랑곳하지 않는다. 이들을 대하다 보면 거북하다 못해 불안해지기까지 한다. 영어권에서는 이들을 'Creeps'라 칭하는데, 한마디로 불쾌한 사람이라는 의미다. 이런 사람은 기차 안에도 있고 파티장에도 있으며, 사실 거리에만 나가도 널려 있다.

지난 여름, 동네 야외 수영장에서 일광욕을 즐기며 미끄럼틀을 타는 딸아이를 지켜보고 있을 때였다. 결과적으로 30분간 혼자 놀겠다는 딸과의 그날 약속은 지키지 못했다. 근처에 있던 남자가 자꾸만 나와 시선을 마주치려 했기 때문이다. 전혀 내키지 않았던 나는 스마트폰을 들어 뭔가에 집중하는 척했다. 그러나 그를 외면하던 순간부터 이미 소용없다는 직감이 들었다. 내 예감은 적중했다. 첫눈에도 호감이 가지 않았던 그는 묻지도 않고 내 옆에 앉더니 천연덕스럽게 말을 걸었다.

들자 하니 수영장에 온 모든 사람들을 훑어보고 평가하는 것을 자신의 임무로 여기는 사람인 듯했다. 대놓고 말하자면 포르노그래피에서 파생된 상상의 늪에 모든 사람들을 끌어들이고 있었다. 그가 대체 무슨 동기로 나를 선택했는지는 지금까지도 의문이다.

최대한 무시해보려 노력했지만 그는 전혀 개의치 않았다. 조금의 여지도 주지 않기 위해 나는 입을 꾹 다물었다. 그리고 일어나 자리를 옮겼다. 이보다 의사를 분명히 하는 방법이 어디 있으랴.

그런데 이 뱀 같은 인간은 그조차도 무시했다. 잠깐 멈칫하나 싶더니 이내 뒤따라와서는 다시 내 옆에 앉아 지껄여대기 시작했다. 그러고는 갑자기 내 팔을 잡아 "저기, 저것 좀 보쇼!"라고 말하는 것이 아닌가. 순간 몸속에서 아드레날린이 솟구치는 것을 느꼈다. 참을 만큼 참았다. 나는 그의 눈앞에 떡 버티고 서서 고함을 쳤다.

"혼쭐나고 싶지 않으면 당장 꺼져!"

그는 어안이 벙벙한 채 나를 바라봤다. 그러고는 "됐으니 그만 하쇼. 별것도 아닌 일 가지고"라고 하더니 자리를 떠나버렸다. 자신이 뭘 잘못했는지 전혀 모르는 것 같았다. 아드레날린의 분출이 멈추고 나서야 나는 내가 무슨 실수를 저질렀는지 깨달았다. 여러분은 나 같은 실수를 저지르지 않도록 불쾌한 사람들에게 대처하는 방법을 알려주고자 한다.

불쾌한 상대에게 대처하는 세 가지 방법

ㅣ 직감을 믿어라

어떤 상황이 거북하게 느껴지거나 뭔가 이상하다는 생각이 드는가? 그렇다면 당신의 느낌을 믿어라. 자리에서 벗어나거나 주변 사람들에게 도움을 구하는 식으로 그 상황에서 벗어나는 것이 좋다. 그런데 어설프게 접근하는 행동이 실제로 단순한 미숙함에서 비롯된 것일 수도 있다. 가령 지적 장애가 있는 사람들은 타인과의 거리를 조절하거나 선을 인지하기가 어렵다. 이렇듯 단순한 흥미에서 비롯된 접근이 사생활 침해를 유발하는 경우도 있다.

‖ 여지를 주지 마라

긍정적인 피드백으로 해석될 소지가 있는 어떤 언어적·비언어적 신호도 보내지 마라. 대부분의 경우 이것이 시발점이 된다. 거부 신호를 무시하는 데 능하다는 점은 치근대며 접근하는 이들의 특징이기도 하다. 이들이 다가왔을 때는

- 조금의 빈틈도 보이지 말고 돌아서라.
- 동의하는 몸짓을 보이지 마라.
- 당혹스러운 웃음도, 습관적으로 몸에 밴 미소도 짓지 마라.

Ⅲ 상대방에게 바라는 행동을 명확히 요구하라

상대방의 행동이 무해한 사회적 미숙함에서 나온 것인지, 사적인 영역을 침해하는 행위인지 직감에 따라 판단하고 이것을 말로 표현하라. 치근대는 상대방의 공감을 유도하거나 직접적인 의사 표시를 함으로써 더 이상 선을 넘어오는 것을 원치 않는다는 점을 분명히 하라. 직접적인 표현을 할 때는 특히 행동에 주의해야 한다. 머리는 높이 치켜들고 가슴은 앞으로 내민 상태로 단호하게 말하라.

- "왜 저에게 그런 말을 하는 거죠? 이건 명백한 추행이에요. 정신 차리고 선을 지키세요."
- "저한테 관심이 아주 많으신가 보네요. 하지만 당신의 말이나 행동은 추파에 가까워요. 그러니 다가오지 않았으면 해요."

자리에 앉아 있는 상태라면 일어나서 대응하는 것이 좋다. 평소보다 양발을 조금 넓게 벌리고 서서 허리춤에 손을 얹어라. 그런 다음 숨을 깊이 들이마셔라. 위압감을 주는 자세로 공간을 확보하는 것이다.

준비가 되었다면 이제 언성을 높여도 된다. 그러면 주변의 이목을 끌 수 있다.

- "당신과 얘기하고 싶지 않으니 치근대지 말고 나를 가만히 내버려둬요."
- "제 몸에 손대지 말고 당장 다른 곳으로 가세요."

수영장에서 치근대던 사내에게 내가 저지른 첫 번째 실수는 그가 선을 넘도록 허용한 것이다. 직감이 내게 강력한 신호를 보냈음에도 그를 내버려둠으로써 나는 그가 내 옆에 앉도록 만들었다. 불쾌한 이들, 치근대는 이들을 대할 때는 특히 중요한 원칙이 있는데, 바로 초기에 차단하는 것이다.

더하여

. . .

이 문제 역시 단순한 불쾌감과 추행의 경계선을 오간다. 상대방의 행동이 선을 넘었다는 판단이 들 때는 즉시 경찰에 신고하고 주변 사람들에게 도움을 청하라. 또 가능하면 자리를 피하라. 고백하건대, 꽤나 건장한 남자인 나도 당시엔 조금 무섭고 당황스러웠다.

3장

. . .

이제 그만 화해하지!

• • •

마음의 돌덩이를 깨부수는 법

언젠가 바비큐 파티에서 친구와 격한 다툼을 벌인 적이 있다. 지금은 무엇 때문에 다퉜는지조차 기억나지 않지만 당시에는 얼마나 격했는지 한동안 친구의 얼굴조차 보지 않고 지냈을 정도다. 물론 바비큐는 혼자서도 할수 있고 가족과 해도 된다. 그러나 바비큐 말고도 친구 외르크와 함께할 때더 즐거운 일들이 많았다. 예컨대 함께 축구를 하거나 축구 경기를 보러 가는 일이 그랬다. 남들은 웃지 않는 나의 개그에도 외르크는 웃어 주었다. 그렇다, 외르크는 내가 언제든 믿고 의지할 수 있는 친구였다.

그날 저녁, 상상할 수 있는 모든 수단을 동원해 다투고 난 뒤에야 나는이런 사실을 깨달았다. 어린 아이들처럼 서로를 향해 고함을 치고 욕설을내뱉으며 주먹다짐까지 벌이려 드는 것을 보고 놀란 여자 친구들이 우리를 간신히 떼어내 집으로 돌려보내기 전까지 말이다. 외르크의 집에서 바비큐가 열렸으니까 정확히 말하면 나만 집으로 끌려간 것이었다.

사실 친구들 간의 다툼은 유치하기 그지없어서 돌아서면 잊어버리는 경우가 대부분이다. 자존심만 세우지 않는다면 말이다. 나도 그날 이후 몇 주간은 분이 풀리지 않아 외르크를 만나지 않았다. 하지만 그러다 보니 하루하루가 점점 지루해졌고, 당시 내 여자 친구였던 사람은 그게 슬슬 짜증나는 듯했다. 어느 날 저녁 참다못해 내게 이렇게 소리 질렀다.

"이제 밖에 좀 나가. 친구와 그만 화해하라고! 집에 틀어박혀 어슬렁거리는 꼴을 더는 못 봐 주겠어!"

나 역시 화해하고 싶은 마음이 없는 건 아니었다. 하지만 그놈의 자존심이 허락하지 않았다. 그러나 여자 친구의 설득에 나는 마음을 고쳐먹을 수밖에 없었다.

"남들에게는 항상 조언이랍시고 떠들어대면서 정작 스스로는 가장 친한 친구에게 전화 걸 엄두도 못 내고 있다니, 대단하시네요."

결국 나는 외르크를 찾아갔다.

"잘 있었나, 외르크. 지난번 일 때문에 너한테……."

"에이, 됐어. 내가 사과해야지. 들어와, 미하엘. 먼저 찾아와줘서 고마워."

아름다운가? 하지만 화해가 항상 이렇게 쉽고 아름다운 것은 아니다. 이번 장에서는 화해에 성공하기 위한 전략을 소개한다. 화해는 다투는 도중에 이미 시작된다.

마음의 짐을 남기지 않는 여섯 가지 화해의 기술

Ⅰ 평정을 유지하라

당신은 매우 화가 나 있거나 상처 받은 상태일 것이다. 그럴 만한 상황인지도 모른다. 그렇다고 불난 집에 기름까지 끼얹을 필요는 없다. 이성을 잃을 것 같으면 일단 자리를 벗어나라.

- "나는 지금 무척 화가 나고 상처도 받았어. 후회할 행동이나 말이 나오기 전에 오늘은 이만 가볼게. 마음이 가라앉은 뒤에 다시 얘기하도록 하자."

Ⅱ SNS에 로그인하지 마라

페이스북이나 다른 소셜 미디어 네트워크에 감정을 쏟아내서는 안 된다. 상대방이 그렇게 하더라도 반응하지 마라. 필요한 경우 차단하거나 분노가 누그러질 때까지 계정을 잠깐 닫는 것도 방법이다.

Ⅲ 관점을 전환하라

모든 일에는 양면성이 존재한다. 다툼도 마찬가지다. 그러니 친구의 입장에서 생각해보라. 상대방의 관점을 이해하라는 말이 곧 그의 의견에 동의해야 한다는 것을 의미하지는 않는다.

Ⅳ 대화를 나눠라

제3의 장소에서 만나기로 약속을 정하라. 언쟁은 전화로 해서는 안 되며, 메신저는 더더욱 금물이다. 특히 후자는 손가락만 아플 뿐 더 큰 오해를 불러일으킬 수 있다. 그러니 직접 만나자고 청하라.

- "우리 사이의 문제를 정리했으면 해. 만나서 얘기 나눌 수 있을까?"

대화 중에도 마찬가지로 평정을 유지해야 한다. 이때는 잘잘못을 가릴 것이 아니라 당신의 감정과 행동을 설명하는 게 중요하다. 변명할 필요는 없지만 당신이 책임져야 할 부분이 있다면 받아들여라. 그리고 이때도 '나 메시지'를 사용하라. 갈등의 원인이 명확하다면 이를 정확하게 언급하라.

- "바비큐 그릴도 다룰 줄 모르는 머저리라고 한 네 말에 나는 화가 났어."

"넌 항상 그런 식이야." "넌 그러는 법이 없잖아"와 같은 표현은 삼가라. 친구에게도 자기 의견과 관점을 표현할 권리가 있다는 점 역시 명심해야 한다. 그리고 어렵겠지만 끝까지 경청하라. 말을 끊어서는 안 된다.

V 이해심을 보여라

친구가 말을 마쳤다면 그의 관점을 이해하고 당신의 언어로 바꾸어 정리해보라. 이때 '그렇지만'이라는 단어는 사용하지 않는 것이 좋다.

- "내 행동 때문에 네가 속상한 기분이 들었다는 걸 이해해."

VI 사과하고 화해를 제안하라

대화를 통해 당신이 무엇을 깨달았는지 분명히 피력하라. 그런 다음에는 솔직하게 용서를 구하고 화해를 제안하라. 이때 가식적인 태도나 "알았어. 사과하면 되잖아" 식의 말투는 분위기를 망칠 수 있다.

- "그런 행동으로 네게 상처를 줘서 정말 미안해."
- "앞으로는 그렇게 행동하지 않을게."
- "앞으로도 친구로 지낼 수 있을까?"
- "정말 미안해. 내 행동이 지나쳤다는 걸 이제야 알았어."

더하여

. . .

친구에게는 당신의 사과를 받아들일지 거부할지 결정할 권리가 있다. 사과를 받아들이기까지 어느 정도 시간이 필요할 수도 있다. 어쨌거나 당신은 한결 홀가분해졌을 것이다. 그날 이후로 나는 진심만큼 중요한 것은 없다는 결론을 내렸다. 내 친구 외르크를 되찾았다는 기쁨이 무척이지 커서 그렇게 느껴졌을 수도 있다.

제가 도울 일이 있을까요?

• • •

상대가 불편하지 않게 불편함 드러내기

무인도에서 혼자 일하는 것이 아닌 이상 인생을 살다 보면, 그리고 직장 생활을 하다 보면 각양각색의 사람들과 부대낄 수밖에 없다. 개중에는 상징적인 의미를 넘어 물리적으로도 가까운 사람이 있기 마련인데, 예컨대 같은 공간에서 마주앉아 일하는 동료가 그렇다. 그런데 이 지나친 밀접함이 때로는 거북함을 유발하기도 한다. 여자 동료의 뱃속에서 들리는 꼬르륵거리는 소리, 남자 동료에게서 거의 매일 풍기는 면도크림 냄새 같은 것이 그렇다. 그가 매일 아침 샌드위치를 가져와 물과 함께 우물우물 씹어 넘기는 모습을 대책 없이 지켜봐야 할 수도 있다.

여기서 잠깐, 당신은 성인이므로 어느 정도까지는 이런 행동을 눈감아주고 타협하는 법도 배워야 한다.

문제는 불쾌한 행동이나 신체적 특징으로 인해 그 선을 한참이나 넘는 사람들이다. 좀 더 정확하게 말하면 이런 사람들이 당신 또는 팀 전체의 능률을 현저히 떨어뜨릴 때다. 심지어 그 동료를 참아내기 위해 당신의 행동을 바꿔야 하는 상황이 생길 수도 있다.

몇 년 전, 내가 한 기업에서 카운슬링을 할 때의 일이다. 당시 그곳 언론 홍보팀에는 주변 직원들이 견디기 힘들어할 정도로 심한 땀 냄새를 풍기는 젊은 여성 인턴사원이 있었다. 주변 사람들에게는 견디기 힘든 악취였지만 아무렇지 않게 사방을 휘젓고 다니는 것으로 미루어 당사자는 모르고 있는 듯했다. 동료들은 냄새를 없애기 위해 끊임없이 탈취제를 뿌리고 책상 위에 아로마 오일을 올려놓았다. 쌀쌀한 날씨에도 불구하고 인턴사원의 계약 기간이 끝날 때까지 사무실 기온을 최대한 낮게 유지한 것은 물론이었다. 이 경우에는 그나마 참고 기다리는 것이 가능했다. 그러나 이조차 불가능할 때는 어떻게 해야 할까?

동료가 불쾌한 냄새를 풍기거나 손가락을 튕겨 이상한 소리를 내거나 쩝쩝대며 음식을 먹을 때, 그 밖에 신경에 거슬리는 행동으로 팀 분위기를 저해할 때는 문제 해결에 착수해야 한다. 상사와 상의하거나 회사에 인사 담당 부서가 있다면 그쪽에 문의해도 된다. 유능한 경영자라면 좋은 직원들을 잃지 않기 위해서라도, 그리고 팀워크를 위해서라도 문제 해결에 착수할 것이다. 하지만 경영자가 문제 해결 의지를 보이지 않거나 관심 밖이라서 당신이 직접 문제를 해결해야 한다면? 그럴 땐 다음의 원칙들을 명심하라.

불편한 이야기를 당사자에게 하는 세 가지 방법

❙ 준비 시간을 주어라

본론부터 들어가면 상대방 입장에서 민망할 것이다. 공개적인 공간에서 민망함을 준 것에 대한 앙심을 품을 수도 있다. 이런 상황에서는 본론이 아닌 서론부터 꺼내는 것이 좋다. "미안한데 잠깐 저 좀 볼 수 있어요?" "잠깐 시간 좀 내줄래요?"라고 입을 열면 된다. 이로써 상대방은 마음의 준비를 할 수 있고, 여유를 갖고 대화에 응할 수 있다. 이때 대부분은 긍정적인 자세로 반응할 것이다. 자신에게 호의를 베풀어준 사람보다 자신이 호의를 베푼 상대방에게 더 이끌리는 벤저민 프랭클린 효과라고 볼 수 있다. 당신이 말을 꺼낸 것 자체가 상대에겐 도움을 요청한 것으로 간주되기 때문이다. 도움 요청을 거절함으로써 발생하는 죄책감을 좋아할 사람은 없는 만큼 상대가 당신에게 시간을 내어줄 가능성은 매우 크다.

❙❙ 보는 눈이 없는 곳에서 본론을 꺼내라

둘만의 자리가 마련됐는가? 대화 장소는 가능하면 다른 사람들이 없는 조용한 곳이 좋다. 이제 이야기를 꺼낼 순간이다. 체취 등에 관한 문제는 상대방에게 큰 상처가 될 수 있다. 그래서 더더욱 조심스럽다. 하지만 몸에서 나는 악취는 위생의 문제가 아니라 당사자도 알지 못하는 질병이 원인일 가능성도 크다. 가령 갑상선 기능 저하 증상이 있는 사람에게서는 시큼한 땀 냄새가 난다. 생선냄새증후군Trimethylaminuria 같은 신진대사 이상일 경우에는 생선이 썩는 악취가 난다. 그런 만큼 당사자를 탓하는 어조는 절대 금물이다. 상대방이 문제를 인지하고는 있으나 그것이 주변 사람들에게 미치는 영향이 어느 정도인지는 모르는 상태라면 필요한 조치를 함께 의논할 수도 있다.

주변 사람들에게 의도적으로 피해를 주려는 사람은 거의 없다. 그러니 상대방의 입장이 되어 자신이 같은 문제를 겪는다면 어떻게 대처할 것인지도 생각해봐야 한다. 당신의 정중한 부탁과 진심어린 조언은 받아들여질 것이다.

Ⅲ 상대방이 아닌 당신의 문제임을 분명히 하라

이것은 매우 중요하다. 이렇게 해야 상대방의 도움을 구할 수 있다. 말투에 유의하고 선을 지키되, 당신이 겪는 고통을 내세우며 하소연하지는 마라. 합리적인 사람이라면 대개 누군가 상냥하게 말을 걸어오며 도움을 청했을 때 그것을 받아들인다. 중립적인 표현을 쓰는 것도 중요하다. 이런 특수한 상황에서는 '악취'보다는 '냄새'라는 단어를 쓰는 것이 낫다.

◆ 사용 가능한 표현들

• 거북한 냄새가 나는 것 같아요. / 분위기가 다소 산만한 것 같아요.

• 제가 후각이 무척 예민해서 당신의 체취가 강하게 느껴져요.

• 요즘 업무에 집중하기가 조금 힘든데, 일할 수 있도록 소음을 줄여 주세요.

• 거북한 냄새가 나서 보니 당신의 체취더군요. 혹시 제가 도와줄 일이 있나요?

◆ 피해야 할 표현들

- 너무 시끄러운데 라디오 소리 좀 줄일 수 없어요?

- 불쾌한 냄새가 나는데 창문을 열어줄래요?

- 내가 너무 예민해서 그런지 모르겠는데, 사무실에서 악취가 나는 것 같지 않
  아요?

- 당신 몸에서 악취가 나요!

- 그 빌어먹을 라디오 좀 끄라고요!

더하여

• • •

이렇게 했음에도 상대의 행동에 아무런 변화가 없을 수도 있다. 이때 취할 수 있는 가
능한 대응책은 다른 동료들과 공동으로 상부에 문제를 제기하는 것이다. 일 대 일 대면
에서 삼자대면으로 전환하라. 더 이상 당신만의 문제가 아님을 명확히 하는 것이다.

동료가 당신과 대화할 때 긍정적인 반응을 보였다 해도 안심해서는 안 된다. 당신의
말이 상대방의 가치 체계와 자아상에 어마어마한 상처를 입혔을 수도 있기 때문이다. 예
컨대 그가 다음번 회의에서 이유도 없이 당신을 공격할 수 있다. 그렇다고 감정이 상할
것은 없다. 당신의 말이 효과를 보았다는 증거니 말이다.

고맙지만 사양하겠습니다

• • •

정중하게 음식을 거절하는 법

상대에게 음식을 권유받았을 때는 거절하지 않는 것이 기본 예의다. 식사 초대에는 손님에 대한 베풂의 의미도 포함되어 있기 때문이다. 그런데 살다 보면 자기보호 차원에서 상대의 호의를 거절해야 하는 경우도 생긴다. 예컨대 특정한 식습관 때문일 수도 있고, 초대한 사람과 먹는 양이 달라서일 수도 있으며, 혹은 접시에 놓인 음식이 맛없어 보이거나 도저히 먹을 수 없기 때문일 수도 있다.

내가 살고 있는 프랑켄 지역에는 지금도 지역적 특색이 뚜렷한 음식을 파는 식당이 많다. 식당 주방에서는 할머니와 아주머니들이 앞치마를 두른 채 오븐 앞에 서서 직접 잡은 동물을 가지고 집안 대대로 전해 내려오는 음식을 만든다. 생각만 해도 맛있을 것 같지 않은가? 실제로 이들의 손끝에서 다양한 산해진미가 탄생한다. 이곳의 거위구이와 특제 소시지는 대도시의 고급 레스토랑에서도 보기 힘든 별미다. 여기에 프랑켄 지역의 맥주까지 곁들이면 그야말로 금상첨화다.

그러나 개인적인 경험에 의하면 특색 있는 전통 음식이라고 해서 모든 사람의 입맛에 맞는 것은 아니다. 프랑켄으로 막 이사 왔을 때 한 지인이 자신의 고향에서 가장 맛있는 음식을 선보이겠다며 나를 초대한 적이 있다. 그의 가족은 프랑켄 유라 산지의 고지대에 위치한 아주 작은 마을에서 식당을 운영하고 있었는데, 마침 주말 특별 메뉴가 나올 예정이라며 나를 초대했다.

스테인 칠을 한 나무탁자 위에 놓인 그릇에 거무스름하고 기름진 소스에 잠긴 닭고기 스튜 같은 요리가 올라와 있었다. 메인 요리 옆으로 클뢰세라는 요리가 곁들여졌다. 간 감자와 전분 등을 섞은 반죽을 둥글게 빚어 주요리와 함께 먹는 음식이었다. 식사 초대를 받을 때면 늘 그렇듯 나는 식욕이 넘치고 기분이 좋았다. 그날도 그랬다.

즐거운 마음으로 거무스름한 소스에 잠긴 스튜에 시선을 고정하고 막 맛을 보려던 찰나, 불현듯 스튜 속에서 나를 마주보는 시선이 느껴졌다. 오리대가리 하나가 나를 빤히 바라보고 있는 게 아닌가. 순간 욕지기가 치밀었다. 나는 이를 감추려 급히 냅킨을 집어 사레가 들린 듯 기침을 해댔다. 그 자리에서 내가 뭐라고 말했는지 기억도 나지 않는다. 어쨌거나 식사 예절은 지키지 못했다. 도저히 음식을 삼킬 수 없었다. 삼키기는 커녕 접시를 바라볼 수도 없었다.

깜짝 메뉴는 그저 깜짝 놀라게 할 뿐

식사 중에 이처럼 거북한 상황이 벌어지는 경우는 생각보다 많다. 이런 깜짝스런 상황을 피하기 위해서는 몇 가지 대비를 하는 것도 좋은 방법이다. 먼저 당신이 완전채식주의자인데 친구들이 스테이크 레스토랑에서 모임을 제안할 경우 참석하지 않는다고 사전에 알리거나 그곳에 비건을 위한 메뉴가 있는지 미리 알아보면 된다. 친구들이 태국 식당으로 매운 요리를 먹으러 가자고 했을 때 매운 음식을 전혀 먹지 못하는 당신이 따라갈 이유는 전혀 없다. 새로운 음식을 맛보는 일을 좋아하지 않는다면 낯선 지역에서 사적인 식사 초대에 응하지 않으면 된다. 함부로 응했다가 눈 딱 감고 꾸역꾸역 음식을 삼켜야 하는 상황이 벌어질 수 있으니까 말이다.

식탁 앞에 마주앉은 누군가가 음식에 관해 아는 척하며 당신의 메뉴까지 주문하려 들 때도 거북하기는 매한가지다. 이런 행동은 직장 상사들의 특기이기도 하다. 이때는 받아들일 것인지, 혹은 당신 메뉴는 알아서 주문하겠다고 분명히 이야기할 것인지 신속하게 결정해야 한다.

식사가 이미 시작된 뒤에 음식을 거절하는 것도 가능하다. 특정한 음식을 거절할 근거는 수없이 많다. 건강상의 이유도 그중 하나다. 특정 음식에 알레르기가 있거나 콜레스테롤 수치가 높다는 이유를 대면 어렵지 않게 음식을 거절할 수 있다. 다만 상대방이 당신의 식습관에 대해 잘 알고 있을 경우 자칫 거짓말을 한 것이 될 수 있으니 조심해야 한다. 이 외에 상황에 따른 음식 거절법은 다음과 같다.

상황별 음식을 거절하는 방법

· 건강상의 이유로 거절하는 경우

음식 철학을 이유로 식사를 사양하는 경우다. 채식을 한다는 말에 사람들이 눈을 휘둥그레 뜨던 시대는 지난 지 오래이며, 심지어 이제는 완전채식도 대중들 사이에 널리 알려져 있다. 이런 이유를 들어 상대의 대접을 사양할 때는 건강상의 이유를 들 때와 마찬가지로 제한이 뒤따른다. 채식주의 원칙을 꾸준히 지키지 않을 경우 상대방에게 거짓말을 한 셈이 되기 때문이다.

- "저는 사양하겠습니다. 유제품은 조금밖에 소화를 못 시켜서요."
- "감사합니다만, 콜레스테롤 수치 때문에 음식을 조심하는 중이에요."

· 식습관을 이유로 거절하는 경우

특정한 음식 철학으로 인해 음식을 거절할 때는 해당 식습관을 실천하는 이유를 들되 지나치게 강조하지는 마라. 상대에게 반감을 불러일으켜 즐거운 저녁 시간을 언쟁으로 마무리하게 될 수도 있기 때문이다.

- "고맙지만 지금은 단식 중이에요."
- "감사합니다만, 저는 채식/완전채식주의자입니다."

배가 불러 더 이상 먹을 수 없을 때도 물론 음식을 거절할 수 있다. 이미 배가 부른 상태에서 메뉴가 또 나오거든 사실대로 이야기하라. 일부 문화권에서는 손님을 대접할 때 부엌에 있는 재료가 동날 때까지 계속해서 먹을 것을 내오기도 한다. 다 먹느냐 마느냐는 문제가 아니다. 이때는 마지막 메뉴까지 함께 먹느냐보다 당신이 언제 포기하느냐가 관건이다. 한계에 다다랐다면 사양하면 그만이다.

- "감사합니다. 정말 맛있었어요. 그런데 이제 배가 불러서 더는 못 먹겠네요."
- "이제 식후주가 필요할 것 같군요!"

· 배가 불러 음식을 사양하는 경우

그러면 (내 경우처럼) 그릇 속에 오리대가리가 둥둥 떠올랐을 때는 어떻게 말하면 될까? "정말 죄송합니다. 이건 도저히 못 먹겠어요. 이 음식에 익숙해지려면 시간이 필요할 것 같아요"라고 말하면 자연스럽다.

더하여

· · ·

참고로 내가 대접받은 음식은 '피 소스에 담긴 어린 오리'로, 머리와 오리발까지 함께 요리하는 것이 전통이었다. 평생을 가도 나는 이 음식을 먹을 수 없을 것이다. 드실 수 있는 분이나 맛있게 드시길 바란다.

아니오!

· · ·

품위 있게 거절하기

부탁의 중요한 특징은 거절당할 수도 있다는 점이다. 이 특징이 빠진 부탁은 부탁이 아니라 명령 또는 지시라고 할 수 있다. 명령과 지시에 주의하지 않으면 대개는 부정적인 결과가 야기된다. 예컨대 군 형법에는 특정한 상황에서 명령에 불복종하는 행위를 처벌하는 규정도 있다.

내가 군복무를 한 것은 오래 전의 일인데, 당시 한 이웃이 '그저' 부탁이라며 내게 이렇게 말했다.

"일요일에 테라스의 타일을 새로 깔 예정인데 도와줄 수 있나?"

나는 잠깐 생각해본 뒤 그러겠다고 대답했다. 그러나 이는 아주 나쁜 결과를 초래하고 말았다. 타일 한 장을 옮길 때마다 허리에 찌르는 것 같은 통증이 온 것이다. 그때 나는 좀 더 자주 거절하는 법을 배워야겠다고 생각했다. 좀 더 정확히 말하면 아내의 나무람을 들으며 다짐했다.

그날은 원래 근처 숲으로 자전거를 타러 갈 예정이었는데, 일을 마치고 나니 도저히 그럴 수 있는 상태가 아니었다. 아내는 내가 이웃의 부탁을 순순히 수락하지만 않았어도 이런 일은 없었을 거라며 어째서 늘 생각 없이 "예!"를 외치느냐고 질타했다. 아내의 말이 옳았다. 나는 늘 '친절한' 사람이 되기 위해 기꺼이 부탁을 들어주는, 한마디로 이용당하기 쉬운 부류에 속했다.

"아니오"라고 말하는 일은 무엇보다도 올바른 결정을 내리는 기술이라 할 수 있다. 올바른 결정과 관련이 있을 뿐만 아니라 건전한 일이기도 하다. 무거운 타일을 옮기는 일이 허약한 척추를 망가뜨릴 수 있기 때문만은 아니다. "아니오"라고 말함으로써 당신은 나름의 사회적·육체적 필요를 옹호하고 이를 행동의 중심으로 삼게 된다. 하지만 불행히도 많은 사람들이 이를 실천하지 못한다. 그러나 이따금 뭔가를 거절한다고 해서 나쁜 사람 혹은 이기주의자가 되는 것은 아니다. 진짜 이기주의자는 그것이 이기적인 행동이라는 생각조차 하지 못하기 때문이다.

거절은 적절한 표현 외에도 많은 것이 요구되는 기술이다. 이 기술을 배우는 일은 집중적인 내적 커뮤니케이션Intrapersonal Communication에서 시작된다. 내적 커뮤니케이션이란 당신의 머릿속에서 끊임없이 발생하는 내면의 대화를 일컫는다. 지극히 사적인 내면의 분석 과정이라 할 수 있는 이 대화에서 당신은 메시지의 전송자인 동시에 수신자가 된다. 자신은 이런 대화를 하지 않는다고 주장할 사람도 있을 것이다. 그러나 인간의 정신은 날마다 6~7만 가지의 생각을 한다. 자신이 진정 원하는 것이 무엇인지, 원하지 않는 것은 무엇인지, 자신이 감당해야 할 결과는 무엇인지를 명확히 판단하는 데 이런 잠재력을 활용하라. 이를 알면 거절 의사를 표시하는 일이 훨씬 쉽게 느껴질 것이다. 내적 커뮤니케이션 과정은 또한 기꺼이 "예"라고 말하는 데도 도움이 된다.

명확하면서도 정중하게 거절하는 네 가지 방법

Ⅰ 당신의 시간을 귀하게 여겨라

에너지와 마찬가지로 시간은 누구에게도 무한히 주어지지 않는다. 하루는 스물네 시간이고, 우리에게 주어진 삶은 '일흔 해, 길어도 여든 해'에 지나지 않는다. 이 제한된 시간을 가지고 무엇을 할 것인지, 모든 일에 다 참여할 필요가 있는지를 스스로 결정해야 한다.

Ⅱ 우선순위를 파악하고 인지하라

삶에서, 구체적으로 말하자면 지금 당신에게 가장 중요한 것은 무엇인가? 가족과 많은 시간을 보내는 것인가? 관심 있는 화초에 관한 지식을 완벽하게 다지는 것인가? 아니면 일하는 분야에서 가장 높은 위치에 올라가는 것인가? 현재 가장 중요한 우선순위 목록을 정하라. 목록에 없는 것을 할 경우 그것이 당신이 진정 원하는 것을 할 시간과 가능성을 빼앗을 수 있으니 말이다.

||| 거절하는 법을 연습하라

이 책에는 특정한 상황에서 상대방의 기분을 상하지 않게 하면서 부탁을 거절하는 여러 가지 표현이 실려 있다. 이런 상황을 자주 접할수록 거절하는 일도 점점 쉬워진다. 그것을 수락할 마음이 없다면 이렇게 말하면 된다.

- "안 되겠네요. 오늘은 딸의 신발을 사러 가기로 했거든요."
- "하지 않겠습니다. 제가 가봐야 큰 도움이 되지 않을 겁니다."
- "이번에는 거절해야겠군요. 제가 즐겁게 할 수 있는 일이 아니라서요."

이처럼 거절하는 이유를 덧붙이면 되며, 납득하기 쉬운 이유일수록 추가 질문을 받을 가능성도 적어진다. 상대방에게 캐물을 여지를 남기지 마라. 이렇게 하는 것만으로도 대개는 부탁의 정당성을 무력화할 수 있다.

- "지금 당장 결정할 수는 없고, 천천히 생각해본 뒤에 말씀드리죠."
- "아내/남편과 상의해봐야 해서 당장 결정하기는 어렵겠군요."

이렇게 하면 우선순위를 검토할 시간을 벌 수 있다. 게다가 대부분의 '자잘한 일들'은 시간이 지나면 저절로 해결된다. 그러나 문제가 저절로 해결되지도 않고 부탁을 들어줄 마음도 없다면 그냥 이렇게 말하라.

- "고민하고 검토한 끝에 거절해야 한다는 결론을 내렸습니다. 그 이유는……."

IV 사과하지 마라

많은 사람들이 거절할 때 "미안하지만……"이라는 말로 입을 연다. 그러나 이런 말머리는 당신의 결정을 약화시킬 뿐이다. 앞서 설명한 대로 당신이 어떤 결정을 내렸으며 그 근거가 무엇인지 명확히 표현하면 상대방에게 미안할 이유가 없다. 정말로 미안한 마음이 들 때만 그 표현을 써라. "이것 좀 해주세요"나 "저것 좀 부탁해요" 같은 요청에 "아니오"라고 말할 때 결코 사과할 필요가 없으며 죄책감 또한 품지 않아도 된다.

- "내가 거절해서 당신 기분이 좋지 않다는 건 알지만 그것 때문에 죄책감을 품고 싶지는 않아요."

더하여
· · ·

비록 통증에 시달리기는 했어도 그날의 결정은 결국 옳은 것이었다. 부탁을 거절해도 된다는 것이지 무조건 거절해야 하는 것은 아니기 때문이다. 이웃을 돕는 것은 정을 나누는 일이기도 하지만 언젠가는 나도 그의 도움이 필요하다는 점에서 미래를 위한 일종의 투자라고도 할 수 있다. 게다가 자전거 타는 일은 어차피 내 우선순위 목록에 있는 것도 아니었다.

손대지 마세요!

· · ·

일상에서 사적인 영역 지키기

타인과의 거리를 좁히는 것은 멋진 일로 신뢰하는 사람과 친밀한 관계
를 나누고 상대방의 온기를 느끼는 일, 익숙한 냄새를 맡고 안온함을 누리
는 일은 인간의 기본 욕구이기도 하다. 타인과의 정신적 친밀함 역시 커다
란 즐거움을 준다. 누군가와 깊은 대화를 나누거나 마주앉아 침묵하면서
도 무한한 만족감을 느끼는 순간은 더 할 나위 없이 귀하다.

중요한 것은 친밀함과 거리 두기 사이에서 적절한 균형을 맞추는 일이
다. 밀접한 신체 접촉을 누구에게나 허용하고 말 그대로 '가까이 다가오도
록' 내버려둘 사람은 없다. 마찬가지로 비유적인 의미에서 자신의 삶을 아
무하고나 공유하고 싶어 할 사람은 없다. 그러나 안타깝게도 이를 무시하
고 이런저런 방식으로 선을 넘는 사람들은 늘 있다.

안네는 매력적이고 활기 넘치는 삼십 대 중반의 여성이다. 소득원이 복잡한 탓에 나는 세무사에게 세금 문제를 맡기고 있는데, 안네는 바로 그 세무사 사무실의 직원이었다. 어느 날 세무사를 찾았다가 우연히 그와 대화를 트게 되었다. 나는 어머니께 배운 대로 상냥하고 정중하게 인사를 건넸다. 얼굴을 마주하는 것은 처음이었으므로 악수도 나누었다. 그런데 그의 말로는 요즘 시대에는 이런 인사 방식이 당연하지 않게 되었다는 것이었다. 나는 어리둥절한 표정을 지을 수밖에 없었다. 이런 상황에서 달리 어떤 행동, 어떤 말로 인사를 나눈단 말인가? 다른 사람들은 "이봐요, 세무사 아주머니, 상자에 영수증을 모아왔으니 처리하세요"라는 식으로 인사를 대신하나? 그러자 그가 웃으며 해명했다.

"그런 뜻이 아니에요. 첫 인사에서 포옹을 하고 싶어 하지 않는 사람들도 있다는 얘기였어요."

대화 중에 '어깨동무'나 '신체 접촉'을 하려는 사람들이 점점 많아지는 모양이었다. 그러면서 안네는 사람들의 세무를 대신해준다고 해서 자신이 그들의 절친한 친구가 되는 건 아니지 않느냐고 했다. 다만 고객인 탓에 그들에게 뭐라 할 수도 없다고 답답하다는 투로 덧붙였다. 그런데 내 의견은 달랐다. 대화 중에 친근하게 어깨동무를 하거나 '지나치게 가까이 접근하는' 등 원치 않는 신체 접촉을 하는 사람, 당신의 어깨나 팔, 심지어 허벅지에 손을 얹는 사람에게는 분명하게 선을 그어 보여야 한다.

우리는 다양한 거리 영역을 구분함으로써 타인과의 거리가 거북하게 느껴지지 않도록 조절한다. 상대를 얼마나 가까이 접근하도록 허용하는가는 친분과 호감도에 따라서도 달라지지만 상황에 따라서도 달라진다. 이 영역의 경계가 침해될 경우 우리는 보통 (안네와 같이) 거부감과 공격성, 회피 등의 반응을 보인다.

문화에 따라 차이를 보일 수도 있다. 가령 볼에 가볍게 입을 맞추는 인사법은 프랑스에서는 지극히 일상적으로 사용되지만 독일에서는 선을 넘는 행위로 간주될 수 있다. 우연한 신체 접촉과 의도적인 접촉 사이에도 커다란 차이가 있다. 이제부터 그 의도적인 접촉을 포함한 적당히 거리를 유지하는 법에 대해 설명한다.

적당히 거리를 유지하는 법

· 친밀한 거리(60센티미터 이내)

이 영역은 가족과 배우자, 깊은 신뢰로 맺어진 친구들에게 허용된다. 볼키스만으로도 이 영역이 침해될 수 있다. 다만 악수는 예외적으로 친밀한 거리를 침해하지 않는다. 오히려 악수는 향후에도 상대방이 이 영역을 침해하지 않을 것이라는 확신을 준다.

· 개인적인 거리(1.2미터까지)

이 영역에서는 통상적으로 사적·직업적 대화가 이루어지되 위협적인 느낌은 받지 않는다. 이런 대화에서는 진정시키려는 의도의 가벼운 접촉이나 무심한 접촉이 경계선 침해가 된다.

· 사회적 거리(1.2~3미터까지)

이는 낯선 이들과의 접촉을 원치 않고 접촉해야 할 필요성도 없을 때 지켜져야 하는 거리를 의미한다.

자신이 편안하게 느끼는 거리를 유지하는 방법에는 여러 가지가 있다. 물론 가장 확실한 방법은 타인과의 공간적 거리를 넓히는 것이다. 다시 말해 피하면 된다. 그런데 피하는 쪽이 당신이어야 하는 이유는 없지 않은가? 다음 방법들을 활용해보라.

· 자연 장애물 활용하기

이 방법은 특수한 상황에서만 사용할 수 있지만 그만큼 효과도 좋다. 예컨대 인사할 때 책상 너머 혹은 계산대 건너편에 그대로 머물러 있어라. 책상 위로 손을 내밀어 악수하라. 외투를 팔에 걸친 채 가슴 쪽을 가려도 상대방이 함부로 포옹하기 어렵다. 공간이 충분하다면 접촉을 시도하는 사람 곁에 앉는 것을 피하고 마주앉거나 대각선 방향의 자리를 선택하라.

· 선수치기

인사할 때 주도권을 잡아라. 먼저 악수를 청하되 거리를 둔 채 팔을 뻗어라. 이때는 신체의 긴장도를 유지하고 고개를 든 자세를 유지해야 한다. 크고 분명한 어조로 말하고 가능한 '거리 두기' 수단을 모두 동원하라. 상대방과의 관계를 첫 마디에서 명확히 규정하라. "안녕하세요, 뮐러입니다. 선생님의 세무 처리를 담당하고 있어요. 반갑습니다, 슈나이더 선생님."

· 경계선 침해에 대해 주지시키기

어떤 사람들은 자신도 모르게 상대에게 신체 접촉을 하기도 한다. 계획적으로 우월함을 드러내려는 몸짓일 수도 있고, 무의식적인 행동일 수도 있다. 이를 용납할 필요는 없다. 상대의 손을 잡아 다른 곳에 얹어 주어라. 수치스럽다는 생각에 눈에 띄지 않게 행하기보다는 명확한 태도를 취해야 한다. 동시에 이런 말을 활용하라.

- "양해도 없이 남의 몸에 손을 대는 일은 무척 불쾌한 일입니다."
- "아무리 가까운 사이라도 아무렇지 않게 저를 만지는 건 싫습니다."
- "저는 인사할 때 포옹하거나 볼에 입을 맞추는 것보단 악수가 좋아요."
- "자꾸 그렇게 내 몸에 손을 대면 소리 지를 거예요!"

더하여

· · ·

신체 접촉은 매우 좋은 것일 수도 있다. 그러나 일상적인 교류에서 타인과의 신체 접촉을 꺼리는 사람도 많으며, 이들에게는 그런 습관이 큰 스트레스가 될 수 있다. 예컨대 안네는 원치 않는 신체 접촉으로 인한 스트레스가 없을 때 업무에 훨씬 더 잘 집중하는 사람이라 내 세무도 나무랄 데 없이 처리해 주었다. 꼭 이런 경우가 아니라도 함부로 타인의 몸에 손을 대서는 안 된다는 사실을 명심하라.

그렇게는 할 수 없습니다

• • •

당당하게 클레임 걸기

나와 연배가 비슷한 마르셀은 독일의 대형 자동차·기계 부품업체 영업부에서 일하는 친구로, 꽤 성공적인 커리어를 쌓고 있다. 주관이 뚜렷하고 자신감이 넘치며 언변도 좋아 원활하게 팀을 이끌고 있기도 하다. 그러나 체육관 문 앞에서 자녀가 체조 수업을 마치고 나오기를 기다릴 때는 그나나 똑같은 아빠일 뿐이다.

어느 오후, 체육관 앞에서 아이를 기다리는 동안 그는 꽤 흥분한 기세로 여자 동료의 생일 선물로 값비싼 찻주전자를 구입하며 겪은 일에 관해 이야기했다. 손수 선물을 고르고 비싼 비용까지 치렀는데 막상 선물하는 자리에서 결함을 발견했다는 것이다. 한쪽 모서리가 약간 깨져 있었다. 마르셀은 동료에게 양해를 구한 뒤 물건과 영수증을 챙겨 다시 매장에 들렀다.

그런데 젊은 여자 직원을 상대하면서부터 난관에 부딪쳤다. 직원은 자신에게는 결정권이 없으며 담당자는 그 주 토요일에나 출근할 거라고 퉁명스레 대꾸했다. 마르셀은 마뜩찮은 기분으로 주전자를 들고 귀가했다가 이튿날 다시 담당자를 만나러 갔다. 하지만 담당자는 주전자가 언제 깨졌는지 정확히 알 수 없다는 이유로 환불을 거부했다. 판매 직원이 포장하기 전에 상품을 꼼꼼히 살펴보았으니 구입 후에 문제가 생긴 것이라는 주장이었다. 반면에 마르셀은 직원이 이미 손상되어 있던 제품을 포장한 것이라고 주장했다. 주거니 받거니 담당자와 언쟁을 벌인 마르셀은 이튿날 화가 머리끝까지 난 채로 회사의 변호사를 찾아갔고, 그의 도움을 받아서야 문제를 해결할 수 있었다.

사연을 듣고 있노라니 피식 웃음이 나왔다. 게다가 그날 일이 다시 생각나는지 마르셀의 얼굴은 다시 붉어졌다. 직장에서 국제 거래를 책임지는 노련한 협상가가 고작 깨진 찻주전자 문제를 해결하지 못해 판매 직원과 아옹다옹하다가 변호사의 도움을 구했다니 말이다. 그러나 마르셀처럼 곧장 법무팀에 찾아가 도움을 받을 수 있는 사람은 많지 않다. 또한 환불받으려는 물건의 가치는 그냥 넘어가기에는 아깝지만 변호사를 구할 경우 배보다 배꼽이 더 커지는 경우가 대부분이다.

그날 저녁 나는 만일 내가 마르셀과 같은 상황에 처했더라면 어떻게 했을지 생각해보았다. 결론적으로 법조계에 그럴듯한 부탁을 할 만한 인맥이 없기로는 나도 마찬가지지만, 알고 보면 그럴 필요가 없는 경우가 대부분이다. 경험에 의하면 몇 가지 방법만으로도 성공할 가능성은 충분하다.

굳이 법적으로 해결할 필요가 없는
분쟁 해결 전략 네 가지

Ⅰ 모든 일은 타이밍이다

이 말인즉, 하자가 있는 제품과 영수증을 들고 이튿날 아침 매장 문이 열리자마자 들이닥치라는 것은 아니다. 물론 제품에 하자가 있을 때는 곧장 클레임을 거는 것이 좋지만, 때로는 하루나 이틀쯤 기다렸다가 가는 것이 나을 때도 있다. 예컨대 아이가 학수고대하던 선물을 뜯었는데 제대로 작동하지 않는다거나 비슷한 이유로 짜증이 나고 감정이 상했을 때는 화가 조금 가라앉을 때까지 환불을 미루라고 조언하고 싶다.

판매자를 고려해 적절한 타이밍을 노릴 필요도 있다. 손님이 많은 시간대에는 판매자도 스트레스를 받아 예민한 상태일 가능성이 크다. 그러니 가능하면 매장이 붐비는 시간보다는 판매 직원이 당신의 클레임을 해결하는 데 충분히 시간을 낼 수 있을 시간을 노려라. 단, 교환 및 반품 기한을 넘겨서는 안 된다.

Ⅱ 평정을 유지하라

대부분의 매장과 판매자들은 고객 만족을 최우선으로 여긴다. 때문에 판매자 쪽에서 환불 요구를 친절하게 받아들일 가능성이 크다. 정중하고 당당하되 공격적이지 않은 태도로 상대방을 대하라. 간단하다. 먼저 좋은 분위기를 만든 뒤 문제를 설명하고 요구하는 바를 표현하면 된다. 불만사항을 이야기할 때는 이렇게 말하면 좋다.

- "안녕하세요. 기억하실지 모르겠지만 엊그제 여기서 판매자님의 도움을 받아 믹서를 구입했습니다. 그런데 작동이 되지 않아서 환불을 요청하러 왔어요."

III 당신의 입장을 확실히 밝혀라

판매자가 책임을 회피하거나 환불을 결정할 권한이 자신에게 없다고 말할 경우에는 담당자나 상사를 만나게 해달라고 요구하라. "제조업체에 문의하셔야 해요"라는 말도 마찬가지다. 어쨌든 당신이 가장 먼저 문의해야 할 상대는 판매자이다.

- "감사합니다. 그렇다면 지점장님을 만나 얘기하고 싶습니다."
- "판매자님께서 담당자가 아니면 담당자와 얘기하게 해주세요. 어디로 가서 누구를 찾으면 될까요?"

다른 상황과 마찬가지로 환불 문제에서도 관점의 전환을 유도하는 일은 상대방의 주의를 환기시킬 수 있는 좋은 방법이다.

- "판매자님이 제 입장이라면 어떻게 하시겠어요?"

IV 가끔은 다르게 접근하라

예외적으로 대화를 통해 문제가 해결되지 않는 경우도 있는데, 이때는 서신으로 환불을 요구하라. 이메일이 아닌 진짜 편지를 쓰라는 의미다. 이 공식 서신에 반송용 우표를 동봉해 등기로 발송하라. 문제 또는 하자에 관한 내용을 정확히 기재해야 하는 것은 물론 기한을 정해야 한다. 이에 법적인 절차를 밟을 수 있음을 명시하라.

- '귀사로부터 아무런 조치가 취해지지 않을 경우 구매 계약 해지는 물론 필요할 경우 배상 요구와 같은 법적인 절차를 밟을 것임을 알립니다.'

더하여

. . .

마르셀의 사례가 우리에게 주는 교훈은 다음과 같다.

1. 아무리 언변이 뛰어난 사람이라도 고집스러운 판매자와 입씨름을 벌이다 인내심을 잃고 실패를 맛볼 수 있다.

2. 마지막에는 어찌 됐든 고객이 제 권리를 찾기 마련이다. 상냥하고 일관적인 태도를 유지하면 결국엔 열매를 거둘 것이다.

3. 향후에 또다시 찻주전자가 필요할 경우 가지 말아야 할 매장이 어디인지 알게 됐다.

피하는 게 상책!

· · ·

성가신 상대를 퇴치하는 법

일 년에 한 번뿐인 가족 모임, 한자리에 모인 가족이 먹고 마시며 즐거운 이야기를 나눈다. 보는 이의 기분까지 좋아지게 만드는 장면이다. 하지만 모든 가족의 모습이 이처럼 아름답진 않을 것이다. 특히 가족 중 한 명이 나의 아픈 곳, 그러니까 들추고 싶지 않은 부분을 들추는 순간 꿈결 같은 순간은 악몽으로 변한다.

미리 밝히건대, 내 어머니는 내게 우주에서 가장 훌륭한 여성이다. 다만 온갖 병에 관해 이야기하시는 걸 지나치게 좋아하신다는 게 흠이라면 흠이다. 당신의 병뿐만 아니라 친구와 이웃, 심지어 알지도 못하는 사람들의 병에 관해서도 마찬가지다. 특히 식사 자리에서 이 화제를 즐겨 꺼내셨는데, 이것이 내게는 입맛뿐 아니라 기분까지 망치는 일이었다.

당신에게도 이런 경험이 있는가? 알지도 못하는 사람이 '기아 카니발 자동차의 연료 전환 장치'에 관해 장광설을 늘어놓는다거나 누군가 어떤 영화의 장면을 다 얘기하는 바람에 그 영화에 대한 마음이 싹 가셔버렸던 경험 말이다. 그것이 어떤 경험이든 그로 인해 당신이 느끼게 될 감정은 한 가지다.

결론적으로 상대가 대화 중에 불쾌한 이야기를 한다면 굳이 끝까지 들으려 하지 마라. 화제를 바꾸거나 원래 나누려던 이야기로 주의를 환기시키면 되니까 말이다. 상사라든지 연장자, 여타 권위를 가진 상대방이 그로 인해 모욕감을 느낄까 걱정이라면 해당 화제가 상황에 어울리지 않는다고 넌지시 암시하는 것도 방법이다. "어머니, 병에 관한 이야기는 입맛을 해치니 나중에 소파에서 하시는 게 어떨까요?" 지긋지긋한 정치 이야기를 꺼내는 사람에게는 "이런 좋은 날에 정치 이야기는 듣고 싶지 않아요. 오늘만큼은 그들이 뭘 하든 신경 쓰지 말자고요!"

이쯤 되면 대부분의 사람들은 화제를 바꾼다. 그럼에도 상대방이 아랑곳하지 않고 할 말을 계속한다면 좀 더 확실하게 말해야 한다. "그 이야기는 듣고 싶지 않으니 그만 하지요." "자꾸 그러시면 저는 가보겠습니다."

냉정해 보일지도 모르지만 이렇게 하면 시간과 에너지가 소모되는 것을 막을 수 있다.

또 하나, 대화를 시작한 쪽이 당신이라고 해서 대화를 계속 이어가야 하는 것은 아니다. 대화를 나누는 이유가 무엇인지 곱씹어보라. 원래의 동기를 떠올려보면 원하는 방향으로 대화를 이어가는 데 도움이 될 것이다. 대화에서 벗어날 준비가 되어 있는가도 매우 중요하다.

대화를 자연스럽게 끝내는 다섯 가지 방법

Ⅰ 잠깐 대화가 끊기는 순간을 노려라

"그렇군요"나 "그러게요" 같은 말에 주의를 기울여라. 이런 단어는 대화가 잠시 끊길 때 등장한다. 대화를 끝내기에 더 없이 좋은 순간이다.

Ⅱ 원래의 주제로 되돌아가라

무언가를 추천해달라는 당신의 부탁으로 대화가 시작되었는가? 그렇다면 "귀한 조언을 해주셔서 감사합니다"라는 말로 대화를 끝내라. 누군가 당신에게 어떤 문제의 처리를 요청하면서 대화가 시작되었는가? 그렇다면 "주의를 환기시켜 주셔서 고맙습니다. 그 일은 제가 처리하겠습니다"라고 끝맺어라.

Ⅲ 적절한 순간에 자리를 떠라

대화의 목적에 초점을 맞춰라. 그렇게 하면 상대방을 평가한다는 인상을 덜 주면서 대화에서 빠져나올 수 있다. 상대방 때문에 대화를 중단하는 것이 아니라 할 일이 있기 때문임을 드러내는 것이다.

- "저는 그만 업무에 복귀하겠습니다. 마감 시간을 지켜야 하거든요."
- "이제 들어가서 아이들 저녁 식사를 준비해야겠어요."

당신 쪽에서 먼저 대화를 끝내되 특별히 자리를 뜰 이유를 찾을 수 없다면 체크리스트 전략을 활용하라. 문제들 중 하나가 대화를 통해 해결되었음을 넌지시 알리는 것이다. 이 경우에는 '그저'라는 단어가 도움이 된다.

- "그저 제가 잘하고 있는지 점검하려던 것이었어요."

상대방 쪽에서 도움이나 조언을 구하기 위해 대화를 시작한 경우라면 질문으로 대화를 끝낼 수 있다.

- "또 질문하실 게 있나요?"

이런 방식들이 여의치 않은 상황이라면 대화의 전환점이 오기를 기다렸다가 보편적인 맺는말로 자리에서 벗어나라.

- "전 이제 가 봐야겠어요. 다시 만나서 반가웠습니다."

IV 다른 사람에게 그 사람을 소개하라

고전적인 방식이긴 하지만, 다른 사람에게 그를 소개시켜 주는 것도 방법이다. "즐거웠습니다. 그런데 꼭 소개시켜 드리고 싶은 사람이 있어요. 여기 토마스도 개를 무척 좋아하거든요."

이렇게 말하면서 그를 적당한 상대와 연결시켜 주어라. 그런 다음에는 "그럼 편히 이야기 나누세요"라고 말한 뒤 자리를 떠라. 단, 이 방법은 두 사람이 적합한 대화 상대라는 확신이 들 때만 써야 한다.

V 무언가를 함께하라

무언가를 함께하자고 상대방을 유도하라. 그러면 상대방에게 따돌린다는 느낌을 주지 않고 대화를 끝낼 수 있다.

- "뭘 좀 마시고 싶은데, 함께 바에 가시겠어요?"
- "저기 제 친구 페터가 왔네요. 함께 가서 인사 나누시죠."

상대방이 당신의 제안을 사양하면 대화는 끝난다. 반대로 받아들인다면 상황에 변화를 줄 제3자를 끌어들임으로써 부담을 덜 수 있다. 그럼에도 방법들이 실패한다면 미국 작가 조지 플림턴George Plimpton의 전략을 써보는 것도 나쁘지 않다. 모임에서 항상 음료 두 잔을 들고 다니는 것인데, 달갑잖은 대화에 휘말렸을 때 지인에게 줄 음료를 가지고 가는 중이었다고 핑계를 대기 위해서다.

더하여

· · ·

나는 어느 날 어머니에게 따로 대화를 요청하고 이렇게 말함으로써 문제를 해결했다.

"규칙을 정하기로 해요, 어머니. 식사 자리에서는 병에 관한 얘기는 하지 않기로요.

그 후로 우리는 다시금 가족 모임을 즐길 수 있게 되었다. 명확한 태도는 언제나 옳다!

감사하지만 안 되겠습니다

· · ·

적당히 초대 거절하기

아, 하루 종일 기다린 퇴근 시간이 눈앞이다. 정말이지 정신없고 힘든 하루였다. 모두가 아침부터 쉴 틈 없이 바쁘게 움직였다. 덕분에 마감 기한을 맞췄다. 이제 잠시 뒤면 회사에서 벗어나 와인 한 잔을 마시며 평화로운 저녁 시간을 만끽할 수 있다.

그런데…… 별안간 (그래, 이 표현이 딱 맞다) 누군가가 회식을 제안했다.

"이번에도 우리가 완벽하게 해냈군, 안 그래? 하루 종일 진을 뺐으니 대미를 멋지게 장식하자고. 오늘 메뉴는 피자야! 벌써 주문해 두었는데, 같이 갈 거지?"

나 역시 어느 작은 회사에서 잠시 일하던 시절에 이런 일을 비일비재하게 겪었다. 그때마다 "네, 뭐……"라고 얼버무리는 나 자신에게 화가 치밀곤 했다. 온종일 얼굴을 맞대고 일한 직장 동료와 퇴근 후까지 함께 보내고 싶은 마음은 조금도 없었다. 개중에는 전혀 친해지고 싶지 않은 사람도 있었다. 그럼에도 당시의 나는 회식 자리에 자주 참석했다.

이는 사생활에서도 마찬가지다. 딸아이가 학교에 다니던 시절, 우리의 여가시간에는 아이 친구들 부모와의 모임이 필수로 들어가 있었다. 말 그대로 '친목 모임'이었다. 학교에서 일어나는 문제들을 논의하는 자리도 아니었고, 그저 학부모들끼리 '부담 없이' 만나는 자리였다. 그럼에도 가능하면 참석해야 할 것 같은 강요가 적잖이 작용했다. 모임을 거절했다가는 딸의 학교생활에 무관심한 부모로 보일 것 같았다. 안타깝게도 내가 그런 부담을 느끼는 부모였다.

그렇다면 초대를 거절하는 것이 거북하게 느껴지는 이유는 무엇일까? 누구나 타인의 호감을 사거나 적어도 수용되기를 바라는 욕구를 지녔기 때문이다. 그러기 위해 집단의 행동방식에 스스로를 맞추는 것이다. 자아 가치감이 낮은 사람일수록, 다시 말해 타인의 인정을 많이 필요로 하는 사람일수록 주변 집단으로부터 수용되는 데 필요한 일들에 관심이 많다. 사회심리학에서 말하는 이른바 '집단 동조 압력'은 바로 이러한 현상을 가리킨다. 이런 압력을 받는 이유는 이것이 진화의 결과물이기 때문이다. 진화학적 관점에서 보면 집단으로부터의 소외는 곧 위험을 의미한다. 무리의 행동 방식을 거스르는 이에게는 더이상 먹을 것이 주어지지 않았으며, 맹수의 사냥감이 되기도 쉬웠다.

다행히도 오늘날에는 이렇게까지 극단적인 상황이 발생할 염려는 없다. 그러나 집단 또는 팀 내에 의지할 곳이 없을 때 사람들은 대개 불편해한다.

보호받을 데 없는 무방비 상태라고 느끼기 때문이다. 그래서 집단의 분위기를 거스르지 않기 위해 거절하고 싶은 초대까지 받아들이는 것이다. 그렇다면 초대를 거절하면서도 초대한 이의 마음이 상하지 않게 하는 방법은 없을까? 몇 가지 기본 규칙만 주의한다면 개인적인 초대나 소규모 행사 초청도 마음 편히 거절할 수 있다.

상대의 마음을 불편하게 하지 않는 거절법 네 가지

ㅣ 날짜에 임박해서 하는 초대는 부담 없이 거절해도 된다

초대는 적어도 일주일, 아무리 늦어도 행사 3~4일 전에 하는 것이 상식이다. 종종 날짜가 임박해서 심지어 모임 당일에 초대를 하는 사람들이 있는데, 이럴 땐 부담 없이 거절해도 된다. 초대한 집단이나 초대받은 행사의 규모도 영향을 미친다. 직원 수가 수천 명인 대기업이 주최하는 여름 행사에 빠지는 것이 학부모 모임에 빠지는 것보다 훨씬 쉽다.

‖ 사적인 초청은 거절도 사적으로 하라

가능한 빨리, 그리고 명확히 거절 의사를 밝히는 것이 초대한 상대에 대한 예의다. 그로써 당신이 상대방의 초대를 중요하게 여긴다는 점을 보여줄 수 있다. 미안해서 망설이다 거절 시간을 놓치는 것이 상대방을 더 불쾌하게 하는 일이다.

III 거절하더라도 감사의 마음은 확실히 전하라

거절하더라도 감사의 마음은 확실히 전해야 한다. 참석하지 못할 뿐 마음까지 거절하는 건 아니기 때문이다. 참석할 수 없는 이유를 밝히는 것도 예의다. 단, 진실을 말하는 것이 초대하는 사람에게 상처가 될 수 있다는 판단이 들 때는 선의의 거짓말을 한다. 예의는 아니지만 이때는 초대한 쪽에 상처를 주지 않는 것이 우선이다. 다만 향후에 충분히 기억할 수 있으며 당신 외에는 아무도 알 수 없는 현실적인 구실을 생각해내야 한다. 어머니의 칠순 잔치는 평생 한 번뿐이며, 심지어 상대방이 그 날짜를 알고 있을지도 모른다.

IV 아쉬움을 표하라

기본적으로 상대방의 향후 초대에 응할 마음이 있다면 갈 수 없는 데 대한 아쉬움을 표하라. 그런 다음 다음번에는 꼭 참석하겠다는 의사를 전한다.

더하여

. . .

깔끔한 거절은 상대방을 모욕하는 것이 아니며, 당신에게는 원하는 대로 시간을 보낼 권리가 있다. 직업과 관련된 초대도 마찬가지다. 누구도 당신에게 참석을 권유할 권리는 없다.

저는 빠지겠습니다

· · ·

집단이 주는 강요에서 벗어나기

은근한 집단적 강요를 느낄 때 "아니오"라는 한마디가 좀처럼 입 밖으로 나오지 않는 이유는 무엇일까? 이번 장에서는 당신의 동의와 상관없이 가해지는 집단적 강요에 대해 살피려 한다.

내 오랜 친구인 프랑크는 "아니오"라는 말을 매우 어려워하는 사람 중 한 명이다. 서른다섯 살 무렵 그는 약간의 좌절감에 빠져 있었다. 더 정확하게는 번 아웃에 빠지기 일보직전이었다. 거의 매일 술에 취해 의자에 앉아 있는 것조차 버거워 보였다. 학창시절 이후 연락이 끊겼다가 SNS 덕분에 다시 연락이 닿은 터라 나는 그를 만날 생각에 들떠 있었다. 그가 어떻게 변해 있을지 무척 궁금했다. 그러나 막상 눈앞에 선 그의 모습은 내가 생각했던 것과는 전혀 달랐다.

술집에 앉아 무리할 정도로 술을 마시며 오랜 대화를 나눈 끝에야 나는 그가 고된 업무를 하고 있으며, 은행에서 다달이 빼가는 할부금 때문에 힘들어하고 있다는 사실을 알게 됐다. 회사에서는 팀장이었고, 타운하우스와 BMW를 소유하고 있었으며, 아내는 아내대로 고급자동차를 가지고 있었지만 정작 프랑크의 모습은 그런 삶과 어울리지 않아 보였다.

학창시절의 그는 순응을 모르는 자유로운 성격의 소유자였다. 친구들은 그가 훗날 작지만 세련된 중고 레코드판 가게를 열거나 이국의 어느 섬에서 서핑학교를 운영할 것이라고 예상했다. 커리어는 그의 관심사가 아니었다. 그런데 긴 세월이 흐르는 동안 내 친구는 완전히 다른 삶을 빚고 있었다. 그러나 이것은 반만 맞는 말이었다. 나머지 절반의 진실을 말하자면 그는 이런 삶에 끼워 맞춰진 것이었다. 그가 아는 '모든' 사람들이 커리어를 위한 교육을 받았기 때문이다. '모두'가 대학을 나왔고, '모두'가 결혼을 했으며, 집을 사고, 초과근무를 하고, 자녀를 낳았다.

프랑크의 사례는 물론 극단적인 경우로, '모두'가 이런 삶을 선택하는 것도, 그 끝에 '모두'가 좌절감에 빠지는 것도 아니다. 좌절감은 시간이 흐르며 점점 잦아든다. 집단의 강요에 휩쓸리다 보면 내키지 않지만 유흥업소에 따라가게 될 수도 있다. 물론 하룻저녁쯤 내키지 않는 자리에 간다고 큰일이 나는 것은 아니다. 그러나 집단의 압력에 매번 항복해 타인들의 사고방식에 맞춰 살아간다면 언젠가는 프랑크처럼 자신에게 어울리지 않는 삶을 살고 있는 스스로를 발견하게 될 것이다.

조금 더 나아가, 모든 집단 내에는 어떤 옷차림을 해야 하는지, 무엇을 하고 무엇을 하지 말아야 하는지와 같은 무언의 기대와 규율이 존재한다.

그리고 사회적 존재인 인간에게는 집단에 소속되고자 하는 진화적 기본 욕구가 내재되어 있다. 집단에의 소속은 타인들로부터 자신의 바람을 존중받는 일과 마찬가지로 인간의 본질적 욕구에 속하는데, 가령 옛날에는 무리의 보호를 받는 것을 포기할 경우 사자에게 잡아먹힐 위험을 감수해야 했다.

물론 현대 사회에는 이런 위험이 더 이상 존재하지 않기 때문에 이 설명이 다소 과장되게 느껴질 수도 있다. 그러나 반항아나 아웃사이더로 낙인 찍히는 것은 오늘날에도 거북한 일이 아닐 수 없다. 집단의 보호를 잃지 않으면서도 주변의 집단적 강요에서 벗어나고자 할 때 현명한 전략이 필요한 것도 이 때문이다. 지금부터 전수할 몇 가지 방법은 사자의 밥이 되지 않고 자신의 의지를 관철하는 데 도움이 되는 전략이다.

집단의 강요에 휘둘리지 않고 거절하는 네 가지 방법

┃ 동조해줄 사람을 찾아라

단 한 사람만 동조해줘도 집단에서 외톨이가 되는 상황은 피할 수 있다. 그러니 때를 놓치지 말고 동지를 찾아 대화에 끌어들여라. 집단 내 단 한 사람의 노련한 반대자가 나서서 자신의 목소리를 내주기만 해도 찬성 비율이 100퍼센트에서 40퍼센트로 감소한다는 사실도 연구를 통해 증명되었다. 이런 표현들을 쓰면 유용하다.

- "헤르만 삼촌, 삼촌 생각은 어때요? 삼촌은 경험이 많잖아요."
- "슈나이더 씨도 같은 의견인가요? 비슷한 프로젝트를 담당한 적이 있는 것으로 아는데요."
- "카트린, 너도 그 음식점에 가봤잖아. 너라면 그곳을 추천할 것 같아?"

‖ 집단의 규모를 줄여라

연구에 의하면 동조 압력이 최대치에 달하는 집단의 규모는 세 명에서 다섯 명 사이라고 한다. 따라서 동조 압력을 약화시키고자 한다면 구성원 수를 늘리면 된다. 예컨대 이렇게 말하면 된다.

- "그 의견도 충분히 이해해요. 그런데 중요한 결정인 만큼 ○○씨의 의견도 들어보는 게 어떨까요? 그의 관점에서 보는 것도 큰 도움이 될 거예요."
- "내 친구를 한 명 데려왔는데, 괜찮지?"
- "○○씨를 우리 모임에 초대할 수 있을까? 이 일에 전문가거든."

‖ 거부하기보다는 아이디어를 내라

직장에서 요구하거나 모임을 상징하는 옷차림을 따르고 싶지 않다면 그에 상응하는 이미지를 스스로 만들어라. 그런 옷차림이 때로는 더 높은 위치나 능력을 연상시키기도 한다. 나름의 스타일을 창조한 뒤 당신에게 쏟아지는 시선을 즐겨라. 유명 연예인을 따라하는 식으로 요란을 떨 필요가 없다. 정장에 운동화, 귀걸이만으로도 충분하다.

IV 집단에서 발을 빼라

내키지 않는 모임이나 행사에는 처음부터 가지 않는 것이 상책이다. 초대한 사람의 기분을 해치지 않으며 자연스럽게 거절하는 방법에 관해서는 앞 장(《저는 빠지겠습니다!》)에서 설명했다.

더하여

· · ·

프랑크에게 다시 한 번 초대를 받는다면 나는 기꺼이 응할 것이다. 그리고 그 시절 우리가 즐겨 듣던 스팅 Sting 의 음악을 함께 듣자고 할 것이다. 그가 부른 'Englishman in New York'에는 집단의 강요와 관련해 가장 어려운 동시에 가장 쉬운 전략이 등장한다.

'Be yourself no matter what they say.(당신답게 살아요, 누가 뭐라 하더라도)'

'안녕하세요' 하고 인사해야지

• • •

올바르게 인사하기와 안부 묻기

고향인 슐레스비히-홀슈타인에 살던 1970년대 후반, 어머니의 손에 이끌려 상점이나 우체국에 갈 때면 나는 많은 사람들과 마주쳤다. 어머니는 그때마다 수다를 떨기 위해 잠시 걸음을 멈추곤 했는데, 개중에는 전혀 모르는 사람도, 기껏해야 얼굴 정도만 알던 사람도 있었다.

멜빵바지와 고무장화 차림의 낯선 아저씨들이 무서워 어머니 뒤로 숨기라도 하면 어머니는 언제나 내 손을 힘주어 잡고 앞으로 끌어내며 "'안녕하세요' 하고 인사해야지!"라고 재촉했다. 그러면 나는 들리지도 않는 작은 목소리로 "안녕하세요"라고 웅얼거렸다. 목사님을 만나면 심지어 악수까지 해야 했다.

그나마도 어머니와 함께 외출하면 다행이었다. 아버지는 같은 상황에서 옆구리를 쿡 찌르셨으니 말이다. 외출할 때마다 오늘은 아는 사람을 만나지 않게 해달라고 바라고 또 바랐다. 꼬마 시절에 이렇게 훈련 받은 덕에 지금은 인사하는 습관이 몸에 배어 있다.

그러나 1980년대 중반에 보낸 '질풍노도의' 시기만은 예외였다. 이때의 내게는 인사하고 싶은 사람에게만 인사하면 된다는 고집스러운 마음이 있었다. 그리고 인사를 무시하는 행위는 반란이나 마찬가지라고 여겼다. 어리석기 짝이 없는 생각이었다.

그런데 성인이 되어서도 아무에게나 인사할 필요는 없다고 생각하거나 그 상황에 적합한 '인사말'이 무엇인지 잘 몰라 적절하게 대응하지 못하는 사람들도 있다. 당신도 이에 해당된다면 이제부터 내가 가상의 어머니 역할을 해주겠다.

그 전에 인사를 하는 이유에 대해 살필 이유가 있다. 먼저 인사는 상대방에게 호의를 품고 있음을 분명히 표현하는 행위다. 사람들 간의 만남에 구조를 부여하며, 각자의 역할을 정하고 확인하는 기능을 한다. 예컨대 한적하고 어둑어둑한 길에서 마주친 낯선 사람과 인사를 주고받는 상황을 떠올려보자. 상대방이 먼저 인사를 건넨다면 안심이 되는 동시에 당신도 기분이 좋아질 것이다. 또한 인사는 상황과 상대방을 어림할 수 있도록 도와주며, 존중의 뜻도 담고 있다. 매장에서 일하는 판매원들에게 물어보면 인사는커녕 투명한 인간 계산기 취급을 받는 게 어떤 기분인지 곧바로 하소연을 쏟아낼 것이다. 반대로 당당한 인사는 스스로 무시당하는 상황을 피하게 해준다.

인사에 관한 몇 가지 이야기

Ⅰ 언제, 어떻게 인사할 것인가

그렇다면 사람들은 언제, 어떻게 인사를 할까? 가장 기본적으로는 어떤 공간에 들어왔을 때 인사를 건넨다. 사적인 영역에서든 공적인 영역에서든 마찬가지다. 실제로 당신도 타인들이 있는 실내에 들어서면 인사부터 건네지 않는가. 실내가 '조용할수록' 목소리가 낮아진다. 조용한 곳에서는 낯선 사람은 물론이고 아는 사람에게도 굳이 방이 쩌렁쩌렁 울리도록 인사할 필요가 없다. 목례를 건네거나 손을 드는 것만으로도 충분하다.

교회의 예배당 같은 곳에 들어설 때도 마찬가지다. 정해진 시간에 늦었을 때는 이렇게 하는 것이 특히 중요하다. 그 밖의 모든 장소에서는 적절한 톤으로 "안녕하세요"라고 말하면 된다. "좋은 아침입니다"나 "좋은 저녁입니다"로 바꿔도 좋다. 이른 새벽부터 업무를 시작하는 곳에서는 오전 열 시만 되어도 "좋은 아침입니다"라는 인사가 어색하게 들리므로 "안녕하세요"라는 보편적인 인사말을 쓰는 것이 좋다.

Ⅱ 인사에는 지역색이 들어 있다

독일의 경우 지역마다 인사말이 조금씩 다르다. 북부 출신의 독일인은 가톨릭 신자가 많은 남부에서 "Grüß Gott 그뤼스 고트, '신에게 인사를'!"라는 인사를 들으면 떨떠름한 기분을 느낀다. 그러나 여기에 종교적 의미가 들어 있는지 고민할 것은 없다. 종교와 상관없는 단순한 인사말이기 때문이다. 이에 "신을 만나면 인사 전해드리죠"라고 대꾸하는 사람은 그 지역의 표현을 이해하지 못한 것이다.

어떤 표현을 사용하든 그것이 인사말이라는 정도는 누구나 이해할 수 있으므로 표현법 자체에 대해 고민할 필요는 없다. 여기에 바로 인사의 의미가 있다. 일례로 미국식 인사인 "How are you?"에는 이 점이 분명히 드러난다. 이때 상대방은 단순히 인사를 건네는 것일 뿐 당신이 요통에 시달리는지 요즘 회사에서 무슨 일을 겪고 있는지 알고 싶은 게 전혀 아니다. 그러니 그저 "Fine, thanks. How are you?"라고 대답하면 그만이다.

북부 독일에서는 'Moin 모인'이라는 인사말이 자주 쓰인다. '아침'을 뜻하는 독일어 'Morgen 모르겐'과 관련이 있을 것이라고 생각하는 사람들이 종종 있는데, 틀렸다. 이는 '멋진', '편안한', '좋은'을 의미하는 'moi'에서 파생되었다. 말하자면 'Moin'은 독일어의 낮 인사 'Guten Tag 구텐 탁'의 방언인 'Moin Dag'의 줄임말이다. 따라서 이 인사말은 하루의 어느 때든 사용할 수 있다.

Ⅲ 악수는 언제 할 것인가

악수는 어떤 사람을 처음 만난 자리, 누군가의 초대를 받았거나 초대한 자리, 혹은 오랜만에 아는 사람을 만난 자리에서 사용할 수 있다. 그밖에도 악수는 특별한 친밀함을 유도하는 존중의 표시이기도 하다. 악수를 할 때는 몇 가지 규칙에 유의하면 되는데, 다음과 같다.

· 악수 여부는 연장자나 상급자가 정한다. 단, 상대방이 먼저 손을 내밀었다면
  응해야 한다.

- 초대한 쪽에서 손님에게 악수를 청한다.

- 악수할 때는 서로 시선을 마주친다.

- 2~5초간 손을 잡되 꽉 잡거나 흔들지는 마라. 어깨를 툭툭 두드리는 등의 행동도 삼가야 한다.

- 선글라스나 장갑을 끼고 있다면 벗은 뒤에 해야 한다.

- 앉아 있었다면 자리에서 일어난다. 여성은 앉은 채로 악수 수 있지만 상대방이 연장자이거나 상급자인 경우에는 예외다.

- 반대편 손을 주머니에 넣고 있어서는 안 된다.

더하여

. . .

어머니 손에 이끌려 시장에 가던 시절에 이 몇 가지 규칙을 알고 사용했더라면 나 스스로도 무척이나 뿌듯했을 것 같다. 지금은 이것이 몸에 익은 덕분에 모임에서 어설프게 서성대거나 상점에서 무시당하는 일은 벌어지지 않는다. 이런 규칙들이 타인과의 교류 및 관계 맺기를 한층 수월하게 만들어주는 덕분이다.

그 얘기 들었어?

• • •

남 말하기 좋아하는 사람에게 대응하기

사생활에서든 직장에서든 우리는 잡담과 뒷담화로부터 자유로울 수 없다. 수도사가 되어 높은 산의 동굴 속에나 들어가 산다면 모를까. 심지어 그렇게 해도 산언저리 동네 사람들의 입에는 당신의 이야기가 오르내릴 것이다. 당신에 관해 들었거나 어디선가 당신을 본 사람, 당신의 수북한 머리털이나 인생에 관해 알고 싶은 사람은 틀림없이 있을 테니 말이다.

바로 앞에서 나는 슐레스비히-홀슈타인 주에서 보낸 내 유년기에 관해 언급했는데, 당시 어머니가 장보는 길에 동행이라도 할라치면 걸음을 멈추고 기다려야 하는 경우가 허다했다. 그때마다 "안녕하세요"라고 인사해야 했다고도 밝혔다. 독일 북부 사람들이 과묵하다고들 하는데, 그런 편견은 고이 접어두시라. 시군구를 통틀어 주민들 간에 얽혀 있는 온갖 모호하고 복잡다단한 관계가 최근 어떤 상태인지 가장 훤히 꿰뚫고 있는 갑남을녀가 넘쳐나는 곳이니 말이다. 게다가 한 치의 조심성도 없이 그 정보를 교환하는 데도 최고의 속도를 자랑한다. 일단 한 번 시작했다 하면 20분은 기본이다. 온갖 주제, 온갖 아는 사람들에 대한 이야기가 와르르 쏟아진다. 천만다행이도 사랑하는 내 어머니는 내게 "안녕하세요"라고 인사하는 재능 외에 잡담과 뒷담화, 무엇보다도 성가신 것을 싫어하는 성향 정도는 물려주셨다.

물론 어머니도 페터젠 씨네 딸내미가 요즘 뭘 하는지, 그 애가 정말로 그…… 뭔가를 했는지 따위를 귀동냥할 목적으로 동네 가게에 들르는 날도 있었다. 이 또한 천만다행이다. 나는 페터젠 씨네 딸이 무엇을 하건 조금도 관심이 없다. 설령 그 딸이 세쌍둥이를 낳았다 한들 나와 무슨 상관이란 말인가.

남의 얘기가 왜 그렇게 궁금할까?

그렇다면 우리는 왜 뒷담화를 하는 걸까? 그 전에 하나 묻고 싶다. 그거 아는가? 인간이 잡담과 뒷담화에 관심을 갖도록 진화되어 왔다는 사실을 말이다. 우리 조상들에게 잡담과 뒷담화는 자기가 속한 집단 내의 구조를 파악하게 해주고, 신뢰할 수 있는 사람과 특정 상황에서 자신을 지원해줄 것으로 기대되는 사람을 가려내는 데 도움이 되었다. 이때 일어나는 사고의 흐름은 주로 이런 식이다.

- 김아무개와 정아무개가 최근에 다투었다.
- 김아무개가 정아무개를 좋아하지 않는다면, 나도 정아무개를 좋아하지 않으므로 김아무개가 내 편이 될지도 모른다.
- 그런데 두 사람이 화해하면 나는 난감해질 것이다.
- 그러면 김아무개에게, 그의 남편이 최근에 정아무개와 강둑에서 만났다는 이야기를 조아무개로부터 들었다고 말하면 될 것이다.

집단의 내부와 외부에서 누가 친구이고 누가 적인지 판단하려면 호기심이 필수이며, 정보를 수집하고 교환할 줄도 알아야 한다. 참고로 뒷담화는 집단 내에서 인간관계를 다지고 신뢰를 형성한다. "너한테 할 얘기가 있는데, 그 전에 먼저 다른 사람에게는 말하지 않겠다고 약속해. 알겠지?"라는 식이다.

어쨌거나 잡담과 뒷담화는 인간의 자연스러운 본성이다. 많은 사람들이 이 일에 그토록 많은 시간을 쏟는 이유도 그 때문일 것이다. 영국인 인류학자 로빈 던바Robin Dunbar는 이 주제를 가지고 연구한 끝에 이렇게 결론 내렸다.

"우리가 나누는 대화의 주제 중 3분의 1 이상은 그 자리에 없는 사람들에 관한 것이다."

우리가 뒷담화 유전자를 타고난 것이나 다름없다면 뒷담화를 하지 말아야 할 이유는 무엇일까? 간단히 말해 김아무개의 남편이 정말 강둑에서 정아무개를 만났는지는 아무도 모르는 일이기 때문이다. 그리고 그 이야기를 퍼뜨린 사람이 누구인지 알게 될 경우 김아무개의 남편은 그의 입을 영원히 다물게 만들기 위해 몽둥이를 들고 달려갈지도 모른다. 물론 자신도 모르는 사이에 당신이 정아무개의 신세가 되어 있을 수도 있다. 그러나 남의 뒷담화를 하지 말아야 할 가장 중요한 이유는, 세상에는 남의 인생사보다 훨씬 홍미로운 일들이 넘쳐나기 때문이다.

그 이야기는 듣고 싶지 않아요

잡담과 뒷담화는 눈 깜짝할 사이에 험담이 되고, 험담은 따돌림이나 명예 훼손으로 발전한다. 그러니 절대로 그에 동참하지 마라. 가능하면 그들이 모이는 장소에 가지 않는 것이 최선이다. 미국인 작가이자 신비주의자였던 토머스 머튼Thomas Merton도 이렇게 조언했다.

"그들이 모여 누군가를 기만하고 모욕하며 서로를 헐뜯거나 그릇된 우정의 제스처로 서로를 조롱하는 장소를 최대한 피하라."

그러나 머튼은 수도사가 아니었는가. 아쉽게도 대부분의 사람들에게는 이것이 영구적인 해결책이 될 수 없다. 그러니 다음번에 누군가가 당신을 '공모자'로 끌어들이려 한다면 이렇게 말해보라.

- "그 얘긴 듣고 싶지 않아요. 김아무개씨의 행동이 못마땅하면 제가 아니라 그 사람이랑 직접 얘기해보세요."
- "저를 믿고 얘기해주시는 건 고맙지만 저는 그 일에 전혀 관심이 없어요. 저와 상관없는 일이니까요. 그 일이 당신과 무슨 상관인지가 더 궁금하네요."

- "제 앞에서 그 얘기는 하지 마세요. 저는 비밀을 잘 지키는 사람이 아니라서 당장 소문을 퍼뜨릴지도 모르거든요. 물론 누구를 통해 그 비밀을 알게 되었는지도 전 다 말한답니다."

무슨 문제라도 있나요?

당신이 뒷담화의 주인공이 되어 다른 사람들 입에 오르내리고 있다는 사실을 알게 되더라도 당신에게 쏟아진 화살을 곧바로 되쏘지는 마라. 그렇게 할 경우 당신 얘기를 하는 사람들과 다를 바 없어진다. 대신 공개적으로 문제를 제기하라. 이때 증인이 있으면 좋다.

- "내가 최근에 연애를 시작한 것을 당신이 못마땅하게 여긴다는 얘길 들었어요. 그러거나 말거나 상관없어요. 다만 당신이 내 인생에 관여할 바가 아니라는 말은 확실히 해두고 싶군요."
- "내게 이 일을 할 만한 능력이 없다고 사람들에게 얘기하고 다녔다면서요. 굉장히 상처 받았어요. 그런 옳지 못한 행동은 그만두었으면 해요."
- "당신이 저에 대해 관심이 아주 많다는 얘기가 들리네요. 궁금한 게 있으면 제게 직접 물어보세요."

그밖에 직장에서 험담이나 뒷담화로 문제가 생겼다면 이 문제를 공론화하는 것도 한 방법이다. 미팅이나 회의에서 이 문제를 제기하라.

- "최근에 뒷담화나 험담이 큰 문제가 되고 있는 것 같습니다. 이 때문에 누군가가 상처를 받을 수도 있고 업무에도 방해가 된다고 보는데, 여러분 생각은 어떤가요?"

이렇게 하면 자연스럽게 문제를 공론화할 수 있으며, 임원들의 주의도 당연히 환기될 것이다. 그 일이 업무에 지장을 초래한다면 특히 그렇다.

더하여

. . .

참고로 페터젠 씨네 딸내미 이름은 카린이며 당시 세쌍둥이가 아닌 한 명의 아기만을 낳았는데, 듣기로는 정말 귀여운 여자아이로 이름은 카티아라고 했다. 이제는 서른이 넘었을 그 아이는 20대 중반에 젊은 이탈리아 남자를 만나 내가 기억하기로는 그와 함께 슈투트가르트로 이사했다는 것 같고. 나중에 더 좋은 조건의 직장을 구해 라이프치히로 또다시 이사했다던가……. 그냥 궁금해하는 사람이 있을까봐 하는 얘기다.

날씨가 참 좋지요?
• • •
고전적인 잡담 마스터하기

스몰토크는 잡담의 기술이다. 스몰토크의 핵심은 대화 사이사이의 어색한 공백을 메우거나 낯선 이들과 몇 분 동안 격의 없는 대화를 나누는 데 있다. 이 기술은 한산한 정류장에서 모르는 사람과 5분 동안 버스를 기다릴 때, 연극 관람 중간의 휴식 시간에, 혹은 파트너 외에 아는 사람이 없는 파티에 참석했을 때의 어색한 순간을 그럭저럭 참을 만하게 만들어준다.

언젠가 아내와 나는 지인 딸의 첫 영성체에 초대를 받았다. 정확히 말하면 아내의 지인의 딸의 영성체였다. 그래서 나는 아내만 참석해도 될 거라고 생각했다. 그러나 아내는 첫 영성체의 의미를 내세우며 나도 함께 참석해야 한다고 주장했다. 아내의 주장은 한 치의 흔들림도 없었고, 나는 어쩔 수 없이 소중한 주일을 행사장의 긴 식탁 앞에서 보내게 되었다. 아내는 내 옆자리에 앉았다. 행사장을 통틀어 내가 아는 사람이라고는 아내뿐이었다. 멀리 떨어진 식탁 머리에는 첫 영성체의 주인공인 아이가 흰 예복을 입고 부모와 함께 앉아 있었다.

보아하니 우리 옆자리에 앉은 몇몇 손님들도 우리처럼 '굳이 초대할 필요는 없지만 초대해도 상관없는 손님'으로 분류되는 것 같았다. 보나마나 어색한 식사 시간이 될 것이었다. 몇몇은 남들 눈에 띄지 않으려는 듯 이미 스마트폰을 들여다보고 있었다. 그러다 간혹 수프 같은 것이 나오면 홀로 국그릇을 붙들고 안절부절못하는 것이 마치 구조 신호를 보내는 듯했다. 나 역시 무거운 침묵이 몹시나 불편했다.

누군가는 총대를 메야 했다. 맞은편 동지를 구해주기 위해서라도 말이다. 그러나 매번 내가 나서는 것을 아내가 못마땅해 하는 이유로, 나 아닌 다른 누구라도 나설 수 있도록 이 자리에서 고전적인 스몰토크 비법을 전수하겠다.

누구나 할 수 있는 스몰토크 방법

┃ 어떻게 시작할까?

앞서 수영장 에피소드에서 스몰토크를 시작하는 데 유용했던 몇 가지 표현을 소개했다. 모두들 다른 누군가가 물꼬를 터주기만 기다리고 있는 상황에서는 이런 고전적인 표현들이 큰 효과를 발휘한다. 결국 필요한 것은 짤막한 한마디 정도니 말이다. 그러나 전혀 모르는 사람들과 동석한 자리에서 "우리 어디서 만난 적 있지 않나요?" 같은 말을 할 수는 없는 법이다. 이때는 세 번째로 제시한 "행사가 어떻게 진행될지 기대되네요. 선생님은 어떠세요?"가 적합하다.

중요한 것은 포문을 여는 데서 그치지 않고 대화를 이어나갈 수 있도록 충분한 '대포알'까지 준비하고 있어야 한다는 점이다. 단, 이때도 주의할 것은 있다. 당신의 관심사를 가르치려 들거나 만담꾼 역할을 하지는 마라. 심문하듯 꼬치꼬치 질문을 던지는 일은 더더욱 금물이다.

‖ 무슨 얘기를 할까?

스몰토크는 부담 없는 대화를 의미하므로 화제 또한 적당히 부담 없는 것이어야 한다. 가볍고 진부한 화제라도 주저 말고 꺼내라. 상대방에게서 대답을 이끌어낼 가능성이 큰 화제를 골라 신호탄을 쏘아 올리는 것이 중요하다. 도저히 무슨 말을 해야 할지 모르겠다고 하소연하는 사람들을 종종 만난다. 화제 선별에 관해 내가 첫 번째로 조언하고 싶은 것은 어렵게 잡하게 생각하지 말라는 것이다. 스몰토크는 내용보다는 대화에 가볍게 '참여'한다는 데 의의가 있다. 적절한 주제 몇 가지를 들면 다음과 같다.

날씨_프랑스의 낭만주의 작가 귀스타브 플로베르Gustave Flaubert는 《통상 관념 사전Dictionnaire des idées reçues》에서 날씨를 '영원한 대화거리'로 칭했다. 아쉽게도 플로베르는 기후변화를 경험하지 못하고 1880년 세상을 떠났다. 그러나 당신에게 중요한 건 어차피 날씨뿐이니 기후 이야기는 일단 넣어둘 것!

직업_직업에 관한 대화는 마치 안전한 적금과 같다. 상대방의 직업에 관심을 보여라. 그러나 당신이 직장에서 겪는 고충에 관해 이러쿵저러쿵 길게 늘어놓거나 전문 지식을 자랑하려 든다면 좋은 대화는 물 건너간다. 독백이 아니라 대화가 목적임을 잊지 마라.

스포츠_이때는 누구라도 알 만한 스포츠계의 화제를 꺼내는 것이 가장 좋다. "월드컵 경기 보셨어요?" 같은 질문처럼 말이다. 참고로 당신이 특정 종목을 광적으로 좋아한다고 해서 남들도 그럴 것이라고 생각해서는 안 된다. 어떤 사람에게는 자신이 응원하는 팀의 경기 결과가 굉장히 중요한 문제다. 그러니 대화 중에 상대방이 흥분하기 시작하면 화제를 바꾸는 것이 좋다.

여행_여행은 매우 멋진 대화 주제다. 그러나 상대방이 (경제적 형편 등으로) 여행을 해본 지 오래됐다면 이 화제가 부담스러울 수 있다. 혹은 당신의 화려한 여행담에 상대적 박탈감을 느낄지도 모른다. 이런 상황이 감지될 경우 지난 휴가를 마우이 섬에서 보냈다는 얘기는 굳이 꺼내지 않는 것이 좋다.

대중문화_음악, 영화, 텔레비전, 연극, 문학 등이 포함된다. 유명한 텔레비전 프로그램에 관한 얘기라면 누구나 한마디쯤은 할 수 있을 것이다. 대중문화는 어마어마한 대화의 보물창고다.

대화를 끌어가는 좋은 주제가 있는 반면 나쁜 주제도 있다. 좋은 스몰토크는 격의 없는 분위기에서 이루어져야 한다. 그런 만큼 논쟁이나 다툼이 벌어질 가능성이 있는 화제는 피하라. 종교, 정치, 정치적 논란거리, 섹스, 질병 등이 그것이다. 너무 큰 소리로 이야기하지 않는 것도 중요하다. 당신은 지금 콘퍼런스에 참석한 게 아니다. 그러니 혼자만 아는 흥미로운 일화를 늘어놓거나 농담을 할 이유가 없다. 지나치게 개인적인 이야기를 하는 것도 별로다. 이 모든 규칙을 지켰음에도 대화가 잘 이어지지 않는다면 그냥 포기하라.

더하여

. . .

영성체 당시 우리가 앉았던 자리에서는 대화를 중단할 필요가 없었다. 심지어 나중에는 무척이나 즐거운 자리가 되었다. 역시나 다들 누군가 대화의 물꼬를 터주기만 기다리고 있었던 것이다. 덕분에 우리는 메뉴 사이사이의 공백을 메우는 것은 물론 새로 사귄 사람들과 오후 내내 즐거운 시간을 보냈다.

거기 뭐가 묻었네요?
• • •
조용히 옷매무새 지적하기

오해를 피하기 위해 미리 언급해두자면 이 장의 목적은 사람들이 화장실에서 저지를 수 있는 실수를 지적하는 것이 아니다. 그저 누군가의 바지 지퍼가 내려와 있거나 옷의 솔기가 뜯겨 있거나 블라우스 단추가 열려 있는 것을 보았을 때 상대가 민망하게 하지 않게 일러주는 법을 이야기하려는 것이다. 나는 누군가에게서 이런 흠결을 목격했을 때 눈치껏 지적해주는 것도 일종의 기술이라고 생각한다.

몇 년 전 바지 지퍼가 열린 줄도 모르고 오후 내내 시내를 돌아다닌 뒤로 나는 보다 많은 사람들이 이 기술을 익혀야 한다고 생각하게 되었다. 하필 그날 나는 붐비는 버스를 이용하고 집으로 가는 길에 마트에 들러 장까지 보았다. 집에 들어서는 나를 보며 놀라는 아내의 얼굴에 비로소 온종일 나를 향하던 사람들의 친근한 미소가 무슨 의미였는지 깨달았다. 중간에 지인을 만나 한동안 수다까지 떨었다는 사실이 떠올랐을 때는 화가 치밀었다. 당장 그 지인에게 전화를 걸어 따져 묻고 싶었다. 하지만 아내가 나를 뜯어말렸다. 길거리에서 남에게 바지 지퍼가 열렸다고 말해주는 게 말처럼 쉽겠냐는 것이었다. 이는 양쪽 모두에게 거북한 일이며, 지퍼를 열고 다닌 것은 순전히 내 잘못이라는 게 아내의 주장이었다. 그러나 내 생각은 다르다. 누구에게, 무엇이 거북하다는 것인가? 남편인 내 생각은 하지 않는 것인가?

티셔츠를 뒤집어 입고 있거나 떼지 않은 가격표가 대롱거리는 반바지 차림의 지인과 마주쳤을 때 상대방이 낯을 붉히게 만들거나 망신을 주고 싶은 사람은 없을 것이다. 아마도 당신은 지적받은 상대방이 수치스러울 거라고 생각할 것이다. 그러나 그런 옷차림으로 계속해서 돌아다니다가는 더 큰 망신을 당할 수도 있다는 건 모르는가? 작가 도리스 프리싱Doris Priesching은 이와 관련해 드라마 〈앨리 맥빌Ally McBeal〉에 등장한 수많은 데이트 장면을 언급했다.

한번은 주인공 앨리 맥빌이 매우 잘생긴 상대를 만난다. 저녁 식사 중에도 그는 지적이고 교양 있는 태도는 물론 유머감각까지 발휘했다. 그런데 이 사이엔 샐러드 조각이 끼어 있고 턱에는 샐러드 오일이 묻어 번들거린다. 앨리는 단 한 가지 대처를 한다. 바로 도망친 것이다.

결과적으로 다른 사람들의 옷매무새를 좋은 마음으로 지적해주는 일은 반드시 필요하다. 사소한 실수를 가지고 호들갑을 떨지만 않으면 된다. 경직된 대처는 상황을 더 불편하게 만들 뿐이다.

지적하거나 지적당할 때는 이렇게

┃ 타인의 매무새를 지적할 때

누군가의 블라우스에 얼룩이 묻어 있거나 눈 화장이 번졌거나 콧물 자국이 말라붙어 있을 때, 혹은 이에 채소 조각이 끼어 있는 것을 보았을 때는 다음과 같은 표현을 써서 이를 지적해주어라.

- "실례지만 거기 뭐가 묻었네요?"

이 말과 동시에 지적하고자 하는 쪽을 넌지시 가리켜라.

- "옷매무새를 조금 고치셔야 할 것 같아요. 지퍼가 열려 있어요."

이때는 상대방이 즉각 반응할 수 있도록 고쳐야 할 부분을 구체적으로 언급하는 것이 중요하다.

- "잠깐만, 너 화장을 조금 고쳐야 할 것 같아."

당연한 이야기지만 다른 사람들과 함께 있을 때는 상대방을 잠깐 한쪽으로 불러 이야기하는 것이 좋다. 내 경험에 의하면 고쳐야 할 부분을 향해 의미심장하게 눈짓하는 것만으로도 상대방이 충분히 알아차린다.

▌타인에게서 매무새를 지적 받았을 때

당황하지 말고 짤막하게 "실례했습니다"라고 말하곤 가능한 빨리 매무새를 고친 뒤 평소와 다름없이 행동하면 된다. 바지의 지퍼가 내려가 있었다면 잠시 돌아서서 지퍼를 닫으면 된다. 그보다 까다로운 경우라면 "잠깐 실례해야겠군요. 매무새를 좀 다듬고 올게요"라고 양해를 구하라. 참고로 사람들이 모두 내 옷에 묻은 얼룩만 쳐다보고 있을 것 같은 느낌은 착각일 뿐이다. 그리고 가끔은 문제를 공론화하는 것이 나을 때도 있다.

- "이미 봤는지 모르지만 내 블라우스에 얼룩이 묻었거든. 나도 알고 있으니 이제 말해주지 않아도 돼. 옷을 갈아입으러 집에 다녀올 시간에 너희들과 즐거운 시간을 보내고 싶으니 그냥 있을게."
- "먼저 양해를 구하겠습니다. 제가 평소에 찢어진 옷을 입고 다니지는 않는데, 오늘은 약속에 늦지 않는 게 더 중요하다고 생각해서 이대로 왔습니다."

더하여

· · ·

'대문이 열린' 채 돌아다니는 일은 생각보다 흔하게 일어난다. 루이트폴트 폰 바이에른 섭정왕자Luitpold Prinzregent von Bayern의 국가 리셉션에 참가한 어느 장관의 바지 앞섶이 열려 있던 일화는 유명하다. 왕자는 이런 말로 문제를 해결했다.

"자, 모두들 바지를 추켜올리고 앞섶을 여미도록 하시오."

4장

· · ·

정말 미안해요

• • •

적절한 사과법

평생 후회할 만큼 어리석기 짝이 없는 행동을 한 적이 있는가? 말이나 행동으로 상대방에게 상처를 준 적이 있는가? 그때 진심으로 사과했는가? 아니면 사과는커녕 그 사람과의 연락을 피했는가?

사람이라면 누구나 그럴 수 있다. 용서를 구하는 일은 거의 대부분의 사람들에게 어려운 일이기 때문이다. 엘튼 존 Elton John도 '미안하다는 말은 가장 어려운 말'이라고 노래하지 않았는가. 나 역시 마찬가지다.

습관에 길들여진 인간인 나는 일요일 아침 식사용으로 먹을 빵을 사러 가서는 항상 같은 종류만 집는다. 심지어 구입하는 개수도 늘 똑같다. 이런 내 습관을 알고 있는지라 빵집에서는 항상 모닝 롤 여섯 개와 크루아상 두 개를 미리 포장해둔다. 그런데 어느 일요일에는 이 일이 평소와는 다르게

210

흘러갔다. 한 번도 본 적 없던 판매원이 다른 종류의 빵을, 그것도 적게 포장해둔 것이다. 별 것 아닌 일로 유난 떤다고 할지 모르지만, 이 일은 내 심기를 뒤집어 놓기에 충분했다.

결국 나는 새로 온 판매원에게 곱지 못한 말을 쏟아놓고 말았다. 빵 여덟 개도 제대로 세지 못하냐는 막말까지 했다. 그러고는 눈물이 그렁그렁해진 직원을 뒤로한 채 씩씩대며 빵집을 나와 버렸다. 그러나 분노는 집에 도착하기도 전에 식어 버리고 수치심이 밀려들었다. 내가 어째서 그토록 과도하게 반응했던 것일까? 무엇 때문에 사소한 일을 가지고 젊은 친구를 몰아댔을까? 나는 스스로를 향해 말했다. 안 돼, 미하엘. 제대로 판단해야 해. 무엇보다 잘못한 걸 바로잡아야 해!

올바른 사과를 위한 다섯 가지 원칙

Ⅰ 당신은 철저히 사과하는 입장이다

당신은 사과를 받아달라고 청하는 입장이다. 사과를 받을지 말지 결정하는 것은 전적으로 상대이며, 당신의 사과가 받아들여질 것이란 보장은 없다. 그러니 사과를 받아주지 않는다고 상처 받거나 앙심을 품지는 마라.

Ⅱ 이유를 정확하게 설명하라

정중하고 명확한 태도로 이유를 설명하며 용서를 구하라. 어떤 점을 사과하고자 하는지 구체적으로 이야기하고 솔직하며 성실한 태도로 임하라.

Ⅲ 기다리지 마라

사과해야겠다는 생각이 들었다면 지체 없이 실행하라. 그렇다고 수박 겉핥기 식으로 이야기를 끝내서는 안 된다. 큰 잘못일수록 해명하는 데 드는 시간도 길어질 수 있다. 또 가능하면 편한 분위기에서 이야기할 수 있도록 신경 써라. 산책을 함께하는 것은 매우 좋은 방법이다.

Ⅳ 제3자를 대신 보내지 마라

가능하면 직접 만나서 용서를 구하라. 얼굴을 보면 말을 못할 것 같다는 이유로, 거리가 멀다는 이유 등으로 문자 메시지를 보내 사과하는 건 하지 않은 것만 못하다.

Ⅴ 탓하지 말고 변명하지도 마라

어떤 잘못이든 상황 탓을 하거나 다른 사람의 탓으로 돌리거나 축소하려는 태도는 금물이다. 상대방이 받았을 상처를 진지하게 받아들여라. 그렇지 않으면 상대방에게 또 다시 상처를 줄 수 있다.

◆ 활용할 수 있는 표현

- "어제 훈련 중에 사람들 앞에서 네게 너무 심한 말을 한 것 같아. 옳지 못한 행동이었어. 사과하고 싶어."
- "오늘 아침에 게으름뱅이라고 한 거 미안해. 내가 사과할게."
- "제가 당신의 자녀에 관해 이러쿵저러쿵해서 당신에게 상처를 주고 말았군요. 당신과 자녀 모두에게 진심으로 사과할게요."

212

◆ 삼가야 할 표현

- "내가 사과할게. 됐지?"
- "네가 그렇게까지 예민하게 반응할 줄 몰랐어. 미안해."
- "그 정도로 기분 나쁠 일인가 싶긴 한데, 기분이 상했다면 미안해."
- "그때는 내가 이런저런 일로 스트레스를 받던 참이었는데 너까지 화를 돋우었잖아.
- 네가 이러이러한 행동을 했잖아. 그러니 내가 폭발할 수밖에 없었지."
- "그게 너한테 그리 심각하게 받아들여질 일이라면 알겠어. 사과하면 되잖아."

더하여

· · ·

자신의 잘못을 인정하는 태도는 그 사람의 대범함을 보여주며, 상대방에게 준 상처를 회복시키기 위해 최선을 다했다는 생각만으로도 한결 마음이 편안해진다. 이런 이유로 나는 월요일 아침에 다시 빵집을 찾았다. 그리고 그 판매원에게 작은 초콜릿 상자를 건네며 그날의 행동에 대해 용서를 구했다. 그가 내 사과를 받아들인 덕분에 이후 그곳의 빵이 더 맛있게 느껴졌음은 물론이다.

시간이 벌써 이렇게 됐군요

· · ·

손님이 일어날 기미를 보이지 않을 때

엄밀히 말해 손님을 맞는 일 자체는 나쁘지 않다. 오히려 즐거운 일이다. 그래서 우리 부부는 종종 친한 사람들을 초대해 적당한 시간을 함께 보낸다. 맛있는 음식을 먹으며 공통의 관심사를 나누다 보면 시간 가는 줄 모르게 재밌다. 그러나 좀처럼 시간이 가지 않는 날도 있다. 이럴 땐 아무리 반가운 손님이라도 그 자리가 가시방석 같기만 하다.

언젠가 아내와 나는 몰타에서 휴가를 보내기로 하고 친하게 지내는 부부를 초대했다. 지인들 사이에서 지중해 전문가로 소문이 난 부부였고, 몰타 섬에도 여러 번 다녀왔다는 이야기를 들은 터였다. 내심 그들에게 유용한 정보를 많이 얻을 수 있을 것이라 기대했다.

두 사람이 철저히 그에 대비하고 왔다는 점은 인정한다. 노련한 여행가

답게 몰타 군도에서 경험할 수 있는 각양각색의 관광 정보를 들려준 덕에 우리는 아주 생생하고도 구체적으로 그 섬을 그려볼 수 있었다. 저녁 식사 후 몰타의 역사로 시작된 가상의 섬 일주가 어찌나 흥미진진했던지 아내와 나는 그들이 찬미하는 신석기 거석 유적지가 너무나 궁금해 몸이 달 지경이었다. 그러나 이후에도 한참 이어진 발표회가 몰타 기사단의 역사에까지 이르자 슬슬 피곤해지기 시작했다. 시간도 꽤나 늦어진 터라 나는 결국 소파 위에서 이리저리 꿈틀댔다.

초기에는 예루살렘, 이후 로도스와 몰타의 명칭을 따서 '성 요한의 예루살렘과 로도스와 몰타의 주권 구호기사수도회'라고 불린 이 기사단의 회원이 오늘날에도 1만 3천5백 명에 달한다는 사실을 누가 상상이나 했겠는가. 어쨌거나 나는 아니었다. 게다가 현지에 가더라도 나는 지쳐 쓰러질 때까지 8일 간 해수욕을 즐기고 싶을 뿐 이런 역사 지식을 심화시킬 계획은 없었다. 이후에 등장한 다른 모든 지식들도 마찬가지였다. '관광객이 선정한 몰타 맛집 10선'이나 '가장 아름다운 해변 5선' 같은 중요한 정보는 이미 한참 전에 이야기한 터였다.

시간은 흘러 어느새 자정이 넘었고 우리는 이미 차고 넘칠 만큼의 정보를 얻었건만, 손님들은 아직 할 이야기가 잔뜩 남은 모양이었다. 나는 더 이상 들을 수도 없었고, 듣고 싶지도 않았다. 필사의 시도로 참 즐거운 자리였다는 말도 꺼내보았다. 그러나 너무도 늦은 시도였다는 사실만 깨달았을 뿐이다.

안주인이 시계를 여러 차례 곁눈질하면 대부분의 손님은 눈치를 채고 하던 이야기를 마무리한 뒤 자리에서 일어난다. 물론 아주 고상한 방법이라고는 할 수 없다. 게다가 이런 규칙은 잊힌 지 오래다.

이번 장에서는 좀처럼 집에 갈 줄 모르는 손님을 대할 때 활용할 수 있는 방법을 소개하고자 한다. 물론 달갑지 않은 손님, 이를테면 시누이의 뻔뻔스러운 애인이라든지 예의상 놀러오라는 말을 진짜 초대로 착각하고 들이닥친 동료를 돌려보낼 때도 쓸 수 있는 방법이다.

손님과 함께 보낸 저녁 시간이 어떠했든 간에 때가 되면 자리를 끝내는 것이 당연하다. 이때는 적절한 방법으로 손님에게 이를 알려야 한다. 하지만 아무리 피곤하다 한들 눈에 띄게 서두르며 자리를 정리하거나 2분마다 하품을 해대거나 주기적으로 시계를 보는 식으로 손님에게 갈 시간이라는 신호를 주는 것은 금물이다. 운 나쁘게도 이런 노력이 무색하게 그대로 자리를 지키는 사람도 많다. 우리는 지금까지 배운 대로 가능하면 우아하고 상냥한 방법을 써야 한다.

손님을 자리에서 일어나게 하는 상냥한 방법

❙ 시계 보기

의식적으로 시계를 쳐다보며 이렇게 말하라. "그런데 지금 몇 시나 됐지? 너와 얘기하다 보면 시간 가는 줄 모른다니까. 그런데 내일은 내가 아침 일찍 볼 일이 있거든. 아이고, 벌써 열한 시 십오 분이네. 삼십 분 되면 정리하자."

‖ 마지막 한 잔

이 방법을 쓸 때는 상대의 잔이나 술병이 비는 순간을 잘 포착해야 한다. "마지막 한 잔 드릴까요?"라고 물으면 된다. '마지막'이라는 단어는 자리를 끝낼 시간이 다가왔음을 확실히 인지시킨다. 그럼에도 손님이 일어날 채비를 하지 않는다면 예고한 대로 몇 분을 기다리거나 마지막 잔이 비기를 기다려라.

잠자리에 들어야 할 시간인지 묻지도 않고 피곤해하는 집 주인의 신호를 감지하지도 못한 채 자정을 훨씬 넘긴 시간까지 자리를 지키는 것은 예의 바른 행동이 아니다. 이런 사람에게는 분명하게 의사를 표현하는 수밖에 없으며, 그렇게 해도 괜찮다.

‖ 분명한 의사 표현

- "분위기를 망치고 싶지 않지만 피곤하기도 하고 내일 할 일도 많아서요. 이제 자리를 정리하지요."
- "친구들, 아주 즐거운 시간이었어. 오늘 함께해줘서 고마워. 나는 이제 자야겠어. 피부를 위해 말야."
- "오늘만 날이 아니잖아. 앞으로 우리가 만날 날은 많으니 오늘은 그만 정리할까?"

약간의 유머와 눈웃음을 곁들이면 이 방법으로 손님을 집으로 보내는데 성공할 확률이 더 높아진다.

더하여

. . .

손님을 문 앞까지 배웅하고 즐거운 시간을 보낼 수 있었던 데 감사하는 마음을 잊지 마라. 고백컨대, 그날 저녁 나는 이 당연한 예의를 차리지 못하고 이렇게 외쳤다.

"고맙군. 궁금했던 것 이상으로 몰타에 관해 많은 것을 알게 됐어. 이제 제발 그만해. 너무 늦었어."

당황해서 허둥지둥 일어나 빛의 속도로 자리를 뜨는 손님을 배웅하던 아내는 내가 너무 무례했다고 나무랐지만 어쩐 일인지 표정은 눈에 띄게 홀가분해 보였다. 게다가 내 결정이 옳았다는 사실도 이내 밝혀졌다. 자리를 뜨면서 부부 중 남편 쪽이 아내에게 한 말을 들었을 때였다.

"다행이지 뭐야. 그렇잖아도 더 이상 들려줄 이야기가 없어서 난감하던 참이었거든."

여러분은 절대로 이런 지경이 될 때까지 내버려두지 마라.

정말인가요?

· · ·

관심을 올바르게 표현하려면

퍼그종 반려견을 키우는 내 친구 토마스를 기억하는가? 이 퍼그종 개는 이제 빨리 달리는 것도 벅찰 정도로 나이가 들었다. 솔직히 말하면 '세상에서 가장 느린 개' 신기록도 세울 수 있을 것 같다. 대신 이를 상쇄시키기라도 하려는 듯 그 동그란 눈을 들여다보는 사람의 마음을 금세 빼앗아 버린다. 나이 지긋한 부인들은 특히나 순식간에 마음을 빼앗긴다.

토요일 산책길마다 거의 어김없이 만나는 노부인도 그중 한 사람이었다. 안타깝게도 이 사랑스러운 느림보를 데리고 잽싸게 달아나는 것은 불가능했으므로 토마스는 노부인과 두어 마디 이야기를 나누곤 했다. 토마스가 내게 하소연한 바에 따르면, 두어 마디가 백 마디가 되는 경우도 적지 않은 모양이었다. 게다가 서로 말을 주고받는 것도 아니고, 대개는 토마스가 들어주는 쪽이었다. 연못에 오리 한 쌍이 새로 들어왔다는 둥, 전날 저녁 동물 관련 방송을 보았다는 둥 다른 산책객의 사나운 개가 새로 이사 온 오리 한 쌍을 몰아댄다는 둥 부인의 이야기는 끝이 없었다.

토마스는 대화를 좋아하는 친구였지만 부인의 이야기 중 그의 관심을 끄는 것은 한 가지도 없었다. 그럼에도 매번 참을성 있게 부인의 이야기를 경청했을 뿐 아니라 관심까지 표시했다. 물론 그의 행동을 이해할 수 없는 것은 아니다. 흥미가 빠진 대화는 고문이나 다름없기 때문이다. 그러나 대화의 주제나 이야기하는 사람에게 관심이 가지 않는다는 이유로 상대방의 즐거움을 빼앗아버리면 더 큰 양심의 가책을 느낄 것이다. 게다가 대화 중에 스스로 침울해지거나 어설프게 상대방을 거부해서 감정을 상하게 만드는 등 자신과 주변 사람들의 기분까지 망치게 될 위험도 있다.

좋은 의사소통은 상대방에 대한 솔직함과 가치 존중, 감정 이입 등에 기반을 둔다. 토마스는 자신과 대화하는 일이 노부인의 하루 일과 중 사람을 대하는 유일한 시간일 거라고 생각했다. 의미 없고 피상적인 대화 중에 자신의 이야기를 하고 싶어 하는 노부인의 절실함을 감지한 탓에 차마 대화를 서둘러 끝낼 수 없었다.

이처럼 타인들이 어떤 심리에서 대화를 하는지, 상대방이 어떤 갈망과 욕구를 품고 있는지 이해하는 능력은 감정 이입 능력의 핵심이기도 하다. 타인의 감정을 느끼고 적절히 그에 대응할 수 있는 사람은 공감 능력은 물론 좋은 의사소통을 하기 위한 열쇠를 쥔 것이나 다름없다. 말하자면 이런 사람들은 종종 지루하기 짝이 없는 이야기에 귀를 기울임으로써 그로부터 여러 가지 이익을 얻는 셈이다.

하지만 대화를 나누기로 결정했다 한들 가만히 서서 상대방이 쏟아내는 이야기를 듣기만 하는 것은 적절하지 않다. 당신 쪽에서도 조금 더 에너지를 투자해야 한다. 듣는 입장이라고 마냥 수동적인 태도를 취해야 하는 것은 아니기 때문이다. 관심을 보이고자 한다면 이런 전략들을 사용해보라.

상대의 이야기에 관심을 표하는 네 가지 방법

Ⅰ 백채널링을 활용하라

백채널링Back-Channeling, 다시 말해 '맞장구'다. 여기에는 상대방을 향한 답신의 의미가 포함되며, 당연히 긍정적인 신호로 받아들여진다. 주기적으로 시선을 마주치고, 고개를 끄덕이는 동작으로 동의를 표하면 된다. 중간중간 '흐음'이나 '네', '아'처럼 짧은 말 또는 감탄사를 내뱉음으로써 상대의 말에 집중하고 있음을 알려라.

Ⅱ 상대방의 말을 다른 말로 바꾸어 반복하라

상대방이 한 말을 나름의 말로 바꾸어 요약하는 행동은 특히 상대방과의 관계를 긍정적인 방향으로 전환시키는 기능을 한다. 말을 반복함으로써 대화에 대한 관심과 더불어 상대방에 대한 관심도 보여줄 수 있다. 이를테면 다른 산책객의 사나운 개가 새로 이사 온 오리 한 쌍을 몰아댄다는 얘기에 "개가 오리들을 쫓아다니는군요"라고 말하는 식이다.

III 적극적으로 대화에 참여하라

사실 이것보다 좋은 방법은 없다. 이렇게 하면 대화가 순조롭게 진행되며, 관심사를 쉽게 표명할 수도 있다. "아, 그러고 보니 저도 최근에 흥미로운 동물 관련 방송을 본 적이 있네요. 마음까지 여유로워지더라고요."

IV 거울신경세포의 힘을 활용하라

1992년, 파르마 대학의 연구팀은 원숭이 실험을 하던 중 우연히 거울신경세포의 효과를 발견했다. 신경학자 요아힘 바우어 Joachim Bauer는 이 거울신경세포를 '타인이 이 프로그램을 실행에 옮기는 것을 지켜보거나 여타의 방법으로 간접 체험할 때 체내에서 활성화되는 신경세포'라는 말로 설명했다. 우리가 긍정적이고 열린 태도로 상대방을 대할 경우 그 역시 우리에게 긍정적인 태도를 취한다.

더하여

· · ·

관심을 표현하는 최고의 방법은 관심을 갖는 것이다. 먼저 상대방이 무슨 이야기를 하는지 들어보고, 그중 가능한 많은 부분을 내 것으로 받아들이려고 노력하라. 지금 받아들인 정보를 당신이 언제 어떤 상황에서 필요로 하게 될지는 아무도 모르는 일이니까.

돈 얘기는 꺼내는 게 아니야

* * *

그럼에도 돈 얘기를 해야 한다면

   나의 가족과 친지들은 독일 각지에 흩어져 살고 있다. 가까운 관계임에도 각각이 취하는 삶의 방식과 생각은 멀리 떨어진 거리만큼이나 천차만별이다. 교대 근무를 하며 산업 관리감독자로 일하는 가족부터 치과의사로 일하는 가족, 자동차 회사에서 마케터로 일하는 가족에 이르기까지 직업도 다양하다.

   친척들 간에 얼굴을 볼 기회가 결혼식이나 장례식 같은 경조사에만 국한되지 않도록 우리는 일 년에 한두 번 정도 주말을 끼고 다함께 모이는 자리를 마련한다. 사는 곳도, 하는 일도 제각각인 만큼 경제적 형편도 저마다 다를 수밖에 없다. 그래서 딩크족인 숙부님과 숙모님은 특급호텔에서 묵는 것을 좋아하지만 홀로 자녀를 키우는 내 가장 친한 사촌은 가족적인 분위기의 펜션을 선호한다.

독자들 중에는 친밀한 만큼 어떤 호텔이 누구에게 부담스러운지, 어느 선까지 비용을 부담할 수 있는지 편하게 물어볼 수 있을 거라 생각하는 사람도 있을 것이다. 그러나 우리 가족에게 이는 금물이다. 심지어 가장 가까운 사이에서도 "너희에게 너무 비싸니?" "부담되면 이번엔 다른 곳으로 정할까?"라고 묻지 않는다. 대신에 이리저리 돌려서 묻거나 대답할 때도 이런저런 구실을 붙인다. "거리가 너무 멀어서 올해는 참석하기 힘들 것 같아요"나 "하필 가족 모두가 감기에 걸렸지 뭐예요. 이번에는 안 되겠어요"라는 식이다. '돈 얘기는 하는 게 아니다'라는 독일 관용어를 모두 깊이 새기고 있는 듯하다.

독일 문화권에서 이처럼 돈 문제를 입에 올리길 불편해하는 데는 여러 이유가 있다. 그중 하나는, 어디서나 마찬가지겠지만 돈이 물건을 교환하거나 노동에 대한 대가를 지급하는 객관적인 계산 단위를 넘어 시기와 자부심, 두려움, 자아가치감 등의 강렬한 감정들과 결부되어 있는 수단이기 때문이다.

타인의 시기심을 유발하거나 스스로 남을 시기하는 것을 좋아할 사람은 없다. 적어도 시기심을 드러내보이고 싶어 하지 않는다. 자부심도 마찬가지다. 무언가에 대한 자부심은 꽤나 좋은 감정이다. 그러나 이를 지나치게 드러내는 사람은 상대방의 짜증을 유발하고 잘난 척한다는 인상을 준다. 물질적인 것을 자랑하는 경우에 특히 그렇다. 누구도 주변 사람들에게 그렇게 보이고 싶지 않을 것이다.

자, 그러면 어디서 선을 그을 것인가? 친구가 새로 구입한 신형 휴대폰 가격이 얼마인지 물어봐도 될까? 동료의 급여나 연봉에 대해 물어봐도 괜찮을까? 누군가 내게 지난 휴가 비용이 얼마나 들었는지 묻는다면 어떻게 대답해야 할까? 이번 장에서는 이렇게 물어보기 애매한 돈 얘기, 그리고 돈 문제에 관해 답할 때의 팁을 알려줄 것이다.

돈 얘기에 자연스럽게 대응하는 세 가지 방법

Ⅰ 당황하지 말고 유연하게 받아쳐라

"얼마나 버세요?"

재정 담당 공무원이나 은행 담당자, 세무사와 면담할 때는 이 질문에 명확히 대답할 필요가 있다. 하지만 이 외의 누군가 이런 질문을 던졌을 때 세금 공제 전 월급 ○○○원에 수당이 추가된다는 식으로 대답하느냐 마느냐는 당신의 자유다. 이렇게 대답하는 것이 내키지 않을 때는 "돈보다 칭찬을 더 많이 받죠"라거나 "벌 만큼 벌어요"라고 말하거나 "혹시 국세청에서 나오셨어요?"라고 되물으면 된다.

Ⅱ 상한선을 미리 협의하라

친구나 지인들과 어떤 활동, 예컨대 주말을 끼고 며칠 간 함께하는 모임 등을 하게 되었을 때 비용이 부담된다면 미리 상한선을 정하는 것도 방법이다. 무작정 따라 나섰다가 레스토랑 문 앞에 도착해서 내 형편엔 부담스러우니 돌아가겠다고 말할 수는 없지 않은가.

"계획을 세우기 전에 어느 선까지 비용을 부담할 수 있는지 협의했으면 해요." 이렇게 말하는 건 어려운 일이 아니다. "제가 알아본 호텔의 숙박비는 1박에 XY원이에요. 제 기준엔 비싼 것 같네요. 모두들 이곳에서 숙박하는 데 동의하나요?"라고 묻는 것도 방법이다. 하지만 "모두들 이 비용을 부담할 용의가 있나요?"라고 묻는 것은 지양하라. 같은 의미라도 '용의'라는 표현은 어딘지 모르게 불편한 뉘앙스를 풍긴다. "일 년에 한 번뿐이잖아요"처럼 은근히 강요하는 표현도 금물이다. 이처럼 여러 사람이 참여하는 행사에서 비용의 상한선을 정해두는 것은 여러 모로 도움이 된다.

ⅠⅠⅠ 가치중립적인 표현을 적절히 사용하라

새 휴대폰에 관해 이야기하며 가격을 묻는 것은 상관없다. 다만 상대방에게 부담을 주거나 오해를 빚고 싶지 않다면 가치중립적인 표현을 사용하라. 이를테면 "분명 비싸겠지요?"가 아니라 "가격이 얼마인가요?"라고 묻는 것이다.

후자처럼 물었을 때는 상대방이 금액을 말하겠지만 전자처럼 물을 경우 상대방은 "신형이다 보니 싸지는 않지요"라거나 "비싸긴 하지만 이번에 할인을 많이 해서 저도 큰맘 먹고 샀어요" 같은 대답을 할 것이다. "아무나 살 수 있는 가격은 아니죠"보다는 "○○○원 주고 샀어요"라고 담백하게 말하는 게 듣는 사람 입장에서도 낫지 않겠는가. 정확한 가격을 말하는 것은 가치중립적인 정보 전달이지만 전자와 같은 대답에서는 '너는 엄두도 내지 못할걸' 같은 뉘앙스가 묻어난다.

더하여

· · ·

삶이라는 건 워낙 비싸고, 애석하게도 짧기까지 하다. 돈 얘기를 하며 시간을 낭비하기엔 너무 짧다는 뜻이다. 돈이 사람을 망치는 것은 아니지만 안타깝게도 대화의 분위기를 망치기는 매우 쉽다. 그러니 꼭 돈 얘기를 꺼내야 한다면 위에서 설명한 방법을 따르는 것이 좋다.

제 차례인데요

· · ·

느닷없이 새치기를 당했을 때

몇 년 전, 덥수룩하게 수염을 기르는 것이 유행하면서 내가 사는 지역에
도 전용 관리 공간이 생겨났다. 한마디로 남자들을 위한 미용실인데, 일하
는 사람들이 대체로 젊고 세련됐다는 점, 수염을 다듬는 기술이 뛰어나다
는 점, 예약이 필요 없다는 점에서 인기를 끌었다. 그냥 들어가서 소파에
앉아 차례가 오기를 기다리면 그만이었다.

평소 턱수염을 기르는 나는 얼마 전 그중 한 곳에 들렀다. 그리고 그곳
에서 누구나 한 번쯤 겪어봤을 상황을 경험했다. 손님들은 느긋해 보였지
만 저마다 바짝 경계하는 눈빛으로 주위를 살피고 있었다. 다음 차례는 누
구인지, 순서를 지키지 않을 것처럼 보이는 사람은 누구인지 관찰하는 것
이었다.

그런데 실제로 우려했던 상황이 벌어졌다. 내 순서가 돌아와 자리에서 일어서려는데 분명 내 다음 차례인 옆자리 남자가 먼저 일어나 의자 쪽으로 가는 게 아닌가. 새카만 수염이 빽빽하게 난 우락부락한 남자였다. 이제 어떻게 해야 할까?

이 질문에 대답하기 전에 다른 질문을 먼저 하겠다. 이런 상황에서 우리가 행동에 나서야 하는 이유는 무엇일까? 일어난 일을 그냥 받아들이면 안 되는 걸까? 실제로도 이 문제를 둘러싼 논쟁은 적잖이 벌어진다. 한쪽에서는 기다리는 시간이 더 길어지거나 볼 일을 못 보고 돌아가는 일이 없도록 단호히 대응해야 한다고 주장한다. 이런 태도에는 무리를 지어 초원을 돌아다니던 시절부터 인류에게 존재했던 반사 행동이 엿보인다. 누가 먼저 먹이를 차지할 것인가? 누가 가장 많은 양을 먹을 것인가? 그에 맞서는 이론에 의하면, 우리가 새치기하는 이들에게 분노하는 이유는 이들이 사회 체계의 규범인 줄서기 규칙을 어기기 때문이다. 이 이론도 전자와 크게 다르진 않지만, 여기에는 적어도 우리가 문명화된 규칙 체계를 갖추고 모두가 이에 따르기를 기대한다는 전제가 깔려 있다.

어느 이론이 옳든 간에 새치기를 당하는 사람의 내면에서는 분노와 동시에 상대방의 행동을 지적했을 때 벌어질 일에 대한 두려움이 일어난다. 순서를 지키지 않는 것만 봐도 거친 사람일 게 분명한데 섣불리 따졌다가 해코지라도 당할지 누가 아는가? 이때 사람들은 잠자코 넘어가되 온종일 불쾌한 기분을 떨치지 못하거나 이후 그곳에 다시 가는 일을 피한다. 그러나 전혀 그럴 필요가 없다. 왜일까? 당신이 두려워하는 일, 그러니까 해코지 같은 일이 일어날 가능성은 매우 낮기 때문이다. 어쩌면 그 사람은 단지

급한 일이 있어서 서두르다가 그랬을 수도 있고, 정말 자기 차례라고 착각해서 그랬을 수도 있다. 게다가 당신이 활용할 수 있는 카드는 생각보다 많다. 순서가 돌아올 때까지 줄을 서 있거나 기다릴 때 드는 감정은 여러 가지 기본 원칙과 관련 있는데, 그중에서도 가장 중요한 것은 정의감이다. 흔히 줄의 가장 뒤에 서 있는 사람들이 새치기를 제지하는 이유도 여기에 있다. "실례지만 저 분이 선생님보다 먼저 오신 것 같은데요"는 정의감을 드러내는 전형적인 표현이다. 어차피 자기 차례가 아직 멀었을 때는 앞쪽에서 무슨 일이 벌어지든 기본적으로 상관없다고 생각할 수 있는데, 이는 사실이 아니다. 단언하건대, 어떤 경우에도 당신은 혼자가 아니다. 하지만 대비는 해야 한다.

새치기하는 사람을 상대하는 세 가지 방법

❙ 미리 확실하게 인지시켜라

주위 사람들이 처음부터 당신을 인지하게 하라. 가게 주인에게도 고객 만족은 매우 중요한 일이다. 그러니 자신의 이해를 위해서라도 손님들의 순서가 바뀌지 않도록 주의를 기울일 것이다. 물론 어디에서나 문제가 쉽게 해결되는 것은 아니다. 계산대 앞에 줄을 설 때 간단히 눈인사를 하거나 의식적으로 인사를 건네는 것도 좋은 방법이다. 그렇게 함으로써 당신의 존재를 각인시킬 수 있을 뿐 아니라 어떤 문제가 생겼을 때 '입을 열' 준비가 되어 있음을 분명히 알릴 수 있다.

II 화를 삼키기보다는 이의를 제기하라

앞서 이야기한 바를 염두에 두고 있으면 한결 느긋하게 대처할 수 있다. 용기는 생겼는데 이를 어떤 말로 표현해야 할지 모르겠다면 다음 예시를 참고하라.

- "실례합니다만, 순서를 착각하신 것 같습니다. 제가 선생님보다 먼저 와서 기다리고 있었습니다."
- "아직 선생님 차례가 아닙니다. 제가 저 분 다음입니다."
- "제 차례인데 혹시 서두르는 이유가 있으신지요. 그럴 만한 일이라면 제가 양보하겠습니다."

III 도덕심을 살짝 자극하라

확신하건대, 친절하면서도 명확하게 당사자와 이야기하면 대개는 문제가 해결된다. 문제는 예외인 사람, 다시 말해 고집불통인 사람을 만났을 경우다. 이때는 더더욱 그냥 넘어가서는 안 된다. 첫째, 화를 그냥 삼키는 일은 일단 건강에 좋지 않다. 둘째, 그런 사람을 그대로 내버려두면 상대방은 한층 더 안하무인이 될 것이다. 최소한 이런 말로 그의 도덕심을 자극해야 한다.

- "선생님은 지금 정당하지 못한 행동을 하고 계신 겁니다!"
- "앞으로 여기 올 때는 번호표를 달고 하거나 이마에 숫자라도 적어달라 해야겠군요."

더하여

· · ·

그날 나는 새치기를 한 사내와 남자답게 담판을 지었다. 턱수염을 기른 남자들답게 말이다. 나는 친절한 말투로 이렇게 말하며 자리에서 일어났다.

"미안하지만 제 차례인데요."

그러자 그는 놀란 눈빛으로 나를 바라보더니 "어이구, 미안합니다"라고 말하고는 다시 자리에 앉았다. 그게 다였다.

이 사람이 누구더라?

· · ·

상대방이 누군지 기억나지 않을 때

우리는 날마다 각양각색의 사람들과 수없이 마주친다. 그중에서 우리가 기억하는 얼굴, 다시 말해 얼굴만 보고 누구인지 판별할 수 있는 사람의 수는 평균 5천 명이다. 와우, 대단하다.

그러나 사람에 따라 이 숫자는 천차만별이다. 어떤 사람은 1만 명도 어렵지 않게 구별하는 반면 어떤 사람은 '겨우' 천 명밖에 구별하지 못한다. 내 경우 어떤 사람을 만났을 때 '흠, 어디서 보긴 했는데…… 누구더라?'라는 고민에 빠지는 일이 종종 있다. 사람의 이름이 기억나지 않는 것은 늘 곤혹스러운 일이지만, 나와 달리 상대방이 나를 아주 잘 기억하고 있을 때는 더욱 난처하다.

누구나 한 번쯤 이와 비슷한 경험을 해보았을 것이다. 어디선가 어렴풋

이 만난 적 있는 것 같은 사람이 반가운 얼굴로 다가와 당신의 이름을 부르며 인사를 건네는데, 당신은 그 사람이 누구인지 기억이 날듯 말듯한 상황 말이다. 입은 웃고 있지만 눈은 울고 있다.

내게도 바로 얼마 전 이런 일이 벌어졌다. 혼자 길을 걷고 있는데 저쪽에서 나보다 훨씬 젊은 남성이 환한 얼굴로 다가오더니 말을 건 것이다.

"이런, 미하엘 씨. 이런 곳에서 만나다니 반가워요. 함부르크에는 잘 다녀오셨어요?"

"아……, 예."

나는 이 친절한 젊은이를 만난 기억이 전혀 없었으므로 이름이 뭔지도 알 길이 없었다. 그런데 그는 마치 나와 잘 알고 지내는 사이처럼 행동하는 게 아닌가. 심지어 내가 얼마 전 출장으로 함부르크에 다녀온 사실까지 알고 있다.

딸아이가 아주 어렸을 때는 아이 때문에 이런 상황이 더욱 곤혹스러웠다. 호기심에 차서 매번 일관성 있게 "아빠, 이 사람은 누구야?"라고 캐물은 탓이었다. 그러면 나는 늘 상대방에게 들리지 않게 목소리를 낮추고 "응, 아빠가 일하면서 만났던 사람이야"라고 대답했다. 물론 그가 여전히 옆에 서 있는 경우가 훨씬 많았기 때문에 나는 아이의 질문을 못 들은 체하려고 무진 애를 써야 했다. 사실 대다수의 경우 '일하면서' 만났었는지 어쨌는지도 미지수였기 때문이다. 그러나 낸들 어쩌란 말인가? 그렇다면 이렇게 누군지 알 수 없는 상대방과 대화할 때 곤란한 상황을 모면하려면 어떻게 해야 할까? 아직까지 저 친절한 젊은이가 누군지 모르지만 일단 팁을 알려주겠다.

기억나지 않는 상대를 만났을 때 세 가지 대처법

┃ 적극적으로 대화에 임하라

솔직하게 물어보는 것 말고 더 좋은 방법이 있겠는가? 이럴 땐 그저 "아이고, 이거 죄송합니다. 잘 생각이 나지 않아서 그러는데 성함이 어떻게 되시지요?"라고 묻는 수밖에 없다. 그러나 많은 사람들이 이 질문을 감정적으로 받아들이고, 심지어 자신을 얕본다고 여긴다. 이름조차 기억하지 못할 정도로 상대방이 자신을 중요치 않게 여긴다는 인상을 받는 것이다.

이는 매우 깊은 감정의 골을 야기할 수 있다. 연구에 따르면 사람들에게서 이름이 잊히는 경험을 자주 할 경우 공동체에 대한 소속감이 상실되고 자신이 이 세상에서 별 의미 없는 존재라는 인상을 받는다고 한다. 두 사람 사이의 관계에서 한쪽이 다른 한쪽의 이름을 잊는 일이 관계에 도움이 되지 않음은 두 말 할 필요도 없다.

어쨌든 상대방의 이름을 잊었음을 시인하고 얼굴을 붉히는 상황을 피하고 싶다면 적극적으로 대화에 임해야 한다. 일단 대화를 시작하면 상대방을 만났던 상황을 기억해낼 기회가 생기고, 마침내 이름이 떠오를 가능성이 크다. 조금이라도 빨리 기억하기 위해서는 이런 표현들을 사용하면 더욱 효과적이다.

- "아유, 오랜만이네요. 마지막으로 본 게 언제였죠?"
- "안녕하세요, 이렇게 보게 돼서 반가워요. 잘 지내셨어요?"

‖ 자연스럽게 자리를 벗어나라

아직 들키지 않았다. 이제 셜록 홈스가 되어 퍼즐 조각을 맞추고 이를 토대로 기억의 미로를 더듬어 나가야 한다. 물론 상대가 알아차리지 못하게 말이다. 이렇게 했음에도 그가 누구인지 생각나지 않을 땐 늦기 전에 "이만 가봐야겠군요. 나중에 또 봐요"라고 말하고 자연스럽게 그 자리에서 벗어나라.

‖ 대화를 확장하라 (무리에 섞여 있을 때 활용할 수 있는 전략)

자리를 피하기 어려운 상황, 예컨대 가는 방향이 같거나 같은 버스를 타고 있는 경우, 같은 행사에 참석 중인 상황이라면 그나마 상황이 좀 낫다. 이 낯선 지인의 이름을 알아낼 수 있는 방법이 몇 가지 있기 때문이다. 이름만이라도 알아낼 수 있다는 게 얼마나 다행인가. 대화의 규모를 확장하는 것도 방법이다. 그 '낯선 인물'을 당신이 아는 누군가에게 데리고 가서 자연스럽게 소개하는 것이다. 노련한 질문으로 상대 스스로 자신의 이름을 말하게 하는 방식을 쓸 수도 있다. 다음과 같이 말이다.

- "오랜만에 뵙네요. 그런데 두 분 아는 사이던가요? 아유, 서로 인사 나누세요."(대화의 규모 확장)
- "인구의 78퍼센트는 자기 이름의 알파벳 철자를 거꾸로 말하지 못한다는 이야기 들어봤어요?"(유도하기)

더하여

...

예의 젊은이와는 대화를 시도해보았음에도 아무런 소득이 없었던지라 나는 블랙아웃을 최후의 무기로 꺼내들었다.

"저, 실례지만 제가 방금 다른 생각에 빠져 있다 보니 완전히 블랙아웃 상태거든요. 우리가 어떻게 아는 사이던가요?"

돌아온 대답에 나는 마음이 너무나 홀가분해졌다.

"네? 아이고, 죄송합니다. 개인적으로 아는 사이는 아니에요. 실은 제가 선생님의 SNS를 팔로우하고 있거든요. 저는 마테스라고 합니다. 만나서 반가워요!"

덕분에 나는 내가 조기 치매를 앓는 게 아님을 확인했으며, 요즘에는 어떤 사람을 온라인으로만 아는 경우도 있음을 새삼 상기하게 되었다. "우리가 혹시 SNS로 아는 사이던가요?"라고 묻는 방법도 그리 나쁘지는 않을 것이다.

다시 말씀해주시겠어요?

• • •

다시 질문해야 하는 이유와 그 방법

듣기 좋은 음악이지만 온전히 즐기기에는 다소 볼륨이 크다. 그로 인해 탁자 건너편 상대의 목소리가 제대로 들리지 않는다. 대수롭지 않은 상황이지만 이런 상황에서 당신은 평소보다 조금 소리를 높여 "뭐라고?"라며 되물을 것이다.

그런데 일상적인 상황에서는 지극히 당연하게 여겨지는 되묻기가 일상적이지 않은 상황에서는 어렵게 느껴질 때가 종종 있다. 권위가 있거나 적어도 그렇다고 추측되는 상대방을 대할 때, 혹은 자신의 무지를 들키게 될까봐 두려울 때 우리는 입을 열어 질문을 던져야 함에도 침묵을 지킨다.

지난 겨울 어느 날, 친구 클라우스와 마주쳤는데 그가 다리를 절고 있었다. 무슨 일이 있었던 걸까? 친구는 "종아리뼈 근육 병변이라나 뭐라나.

여튼 그렇대"라고 웅얼거렸다. 듣자 하니 클라우스는 아주 유능한 의사를 찾아가 진료를 받았고, 의사도 뭐라고 진단을 내리기는 한 모양이었다. 그런데 무슨 말인지 이해를 못했다는 게 아닌가? 마땅히 다시 물어봐야 하는 상황에서 그렇게 하지 않은 것이다. 그러고는 걸어도 괜찮은지, 소파에 누워 있는 게 나은지조차 모른 채 절뚝이며 돌아다니고 있었다. 심지어 그런 다리를 끌고 나를 만나러 오기까지 했다.

여러 해 전 엔진 오일 문제로 인한 자동차 손상으로 정비소를 찾았을 때 나도 그와 비슷한 상황을 겪은 적이 있다. 나는 남자라면 당연히 자동차 상식을 알고 있어야 한다는 생각으로 정비소 사장의 설명을 정확히 알아듣는 척했다. 그 대가는 무척이나 비쌌다. 적잖이 낡은 내 자동차가 어느 날부터인가 이상한 소음을 내기 시작한 것이 발단이었는데, 정비사는 이에 관해 알 수 없는 말들을 주절주절 늘어놓았다. 나는 고개만 끄덕인 대가로 며칠 뒤 엄청난 돈을 지불해야 했다. 무엇을 수리해야 하고 비용이 얼마나 되는지 다시 한 번 정확히 물었더라면 수리비가 당시 내 차의 가격과 맞먹는다는 사실을 일찌감치 알았을 터이다. 결국 나는 도시를 통틀어 가장 비싼 고물차를 모는 주인공이 되었다.

그러니 이해하지 못했을 때는 다시 한 번 물어보라. 당신과 당신의 돈, 나아가 당신의 인생과 관련된 문제일지도 모르니까 말이다. 이번 장에서는 그런 질문을 던질 때 유용하게 쓸 수 있는 몇 가지 팁을 소개한다. 참고로 질문의 종류에는 크게 다섯 가지가 있으며, 저마다 다른 상황에서 활용할 수 있다.

질문의 다섯 가지 종류

┃ 열린 질문

상술한 것과 같은 상황, 그러니까 의사나 기술자, 판매원 등을 상대할 때는 '열린 질문'이 적합하다. 이는 정보를 얻도록 도와줄 뿐 아니라 대화를 시작하는 데도 좋은 방법이다.

열린 질문은 '어떻게'를 포함한다. "그게 어떻게 기능하지요?" "그럼 이제부터 제가 할 일이 무엇인지 선생님 의견을 여쭈어 봐도 될까요?" "그게 최선의 해결책이라고 생각하시는 이유가 무엇이지요?" 등이 그 예다. 열린 질문을 하기 위해서는 대화를 시작하기 전에 질문을 상기하거나 체크리스트를 만들어보는 것이 가장 좋다. 아는 척하려 드는 것처럼 보일 수도 있지만 이는 무언가를 잊어버리지 않고 전체 상황을 파악하는 데 도움이 된다.

┃┃ 닫힌 질문

상대방에게 구체적인 말이나 행동을 유도하고자 할 때 사용할 수 있다. 닫힌 질문은 보통 "예"나 "아니오"로만 대답할 수 있다. 예컨대 대화를 할 때 당신이 이해한 정보를 요약한 뒤 "제가 제대로 이해한 게 맞나요?"라고 덧붙이는 것도 그중 하나다. 따라서 닫힌 질문은 대부분 대화 끝에 사용한다. 대화를 시작하고자 할 때는 적합하지 못하다. 이해했는가?

III 절반만 열린 질문

전형적인 중도라고 부를 만한 질문이다. 이때 당신은 질문을 던짐으로써 질문 받는 상대방에게 특정한 범주를 제시하게 된다. 예컨대 내 친구는 의사에게 "걷는 것을 자제하는 편이 좋을까요, 아니면 많이 움직이는 게 나을까요?"라고 물어볼 수 있었을 것이다.

IV 수사적 질문

이 질문의 목적은 답을 듣는 것이 아니기 때문에 정보를 얻으려는 것이 목적일 때는 이 질문이 거의 쓸모없다. 수사적 질문에는 이미 한 말을 강조하는 의미가 있다. 이런 질문을 던짐으로써 얻는 유일한 정보는 당면한 문제에 관해 상대방이 당신과 같은 입장인지 아니면 다른 입장을 가지고 있는지 확인하는 것이다. 예컨대 당신이 한숨을 쉬며 "내 나이에 어디 하나 고장 나지 않는 사람이 있겠습니까?"라고 말했을 때 상대방이 그와 다른 견해를 가지고 있다면 이에 즉각 반박할 것이다.

V 암시적 질문

이 경우에는 질문 자체에 대답이 동반된다. 그래서 이 질문 역시 정보나 조언을 얻기 위한 것으로는 부적합하다. 이런 질문은 일종의 언어 양식으로, 특히 물건을 판매할 때 오가는 대화에서 볼 수 있다. 가령 "반드시 이 방법을 써야 한다는 걸 선생님도 아시겠지요?"라고 묻는 정비사는 당신에게 실질적으로 질문을 던지는 게 아니라 동의를 구하려는 것이다. 암시적 질문은 매우 교묘할 수도 있다. 이를 간파했다면 조심하는 것이 좋다.

무언가를 정확히 이해하려는 목적으로 질문할 때는 첫 세 가지 종류를 사용하되 열린 질문, 절반만 열린 질문, 닫힌 질문의 순서를 지켜라. 이렇게 하면 특별히 큰 실수는 하지 않을 것이다.

더하여

. . .

1. 아무것도 묻지 않는 것은 가장 큰 실수다. 의미 있는 결정을 내리고자 한다면 그와 관련된 정보를 반드시 얻어내라. 의사, 판매원, 정비사는 당신에게 비용을 받았고, 그런 만큼 당신에게 정보를 줘야 한다.

2. 암시적 질문은 피하라. 특정한 대답을 기대한다는 표정도 감춰라. "선생님도 그렇게 생각하지 않으세요?"나 "선생님도 저와 같은 생각일 거라 믿습니다만……?" 같은 표현이 그것이다. 이렇게 말하지 말아야 하는 이유는 첫째, 당신은 전문가가 아니고, 둘째, 이렇게 질문하면 상대방이 솔직히 대답하기가 어려워지기 때문이다.

3. 닫힌 질문이나 반쯤 닫힌 질문으로 대화를 시작하지 마라. 대답하는 이의 선택지를 대폭 줄임으로써 적절한 대답까지 차단해버릴 수 있다. 조언이나 정보를 구할 때는 열린 질문을 하는 편이 낫다.

침착하게, 어른답게

· · ·

헤어진 연인과 우연히 마주쳤을 때

노련한 의사소통의 기술 중에는 침묵하는 편이 나은 때가 언제인지 파악하는 기술도 포함된다. 필요할 때 침묵할 줄 아는 이 매우 특별한 능력은, 아물어가고 있던 묵은 상처가 경솔한 말이나 태도로 인해 덧나고 소금을 뿌린 듯 쓰라린 기억이 상기되는 상황에서 특히 중요하게 발휘된다. 예를 들어 헤어진 연인과 마주치는 경우가 그렇다. 예상치 못한 장소에서의 만남일수록 더 그렇다.

그날 저녁, 프랑크와 주잔네는 친구들과 더없이 즐거운 시간을 보내고 있었다. 두 사람은 오랫동안 알고 지내던 친구들, 그리고 새로 사귄 좋은 사람들과 재밌는 대화를 주고받았다. 새로운 손님들도 속속들이 도착했다. 더할 나위 없이 부드럽고 아름다운 배경음악이 분위기를 한층 돋워주고 있었다. 한마디로 모두가 흥취에 젖어 있는 상태였다. 그러니 주잔네가 갑자기 프랑크의 팔을 잡아당기며 굳은 얼굴로 그만 집에 가자고 단호하게 말했을 때 그가 놀란 것도 무리는 아니었다.

그 상황에서 주잔네가 말한 '그만'이라는 단어는 '바로 지금'을 의미했다. 30분만 더 있다 가자는 것도 아니고, 프랑크가 마시고 있는 맥주잔이 비면 가자는 것도 아닌 지금 당장.

대관절 무슨 연유에서였을까? 허둥지둥 자리를 뜨느라 프랑크는 상황을 정확히 파악하지 못했다. 주잔네는 새로 온 손님들 틈에서 다름 아닌 그를 본 것이었다. 전 연인, 그것도 새로운 연인과 팔짱을 끼고 파티에 나타난 전 연인을 말이다.

주잔네에게는 이런 돌발 상황이 부담스럽기 그지없었다. 그와의 관계가 끝난 지 얼마 되지 않아 상처가 아직 아물기 전이었다. 게다가 지난번 우연히 만났을 때는 헤어질 때처럼 말다툼을 하고 서로에게 비난을 퍼붓기까지 했다.

이런 마주침은 고통스럽기도 하지만 어떻게 행동해야 할지 알 수 없어 허둥대는 경우도 많기 때문에 더 최악이다. 그래서 어떤 사람들은 헤어진 연인을 만날 위험이 있는 장소를 의도적으로 피하기도 한다. 혹시라도 전 연인의 새로운 연인을 소개받으면 도대체 무슨 말을 해야 한단 말인가? 초라하게 버림받은 사람으로도, 냉담한 얼음공주(왕자)로도 보이지 않으려면 어떻게 해야 할 것인가.

우연한 만남, 품위를 지키면서 확실하게

이상적인 이별은 '친구처럼 지내기로 합의'하고 다툼이나 오해 없이 헤어지는 경우다. 양쪽은 관계를 끝낸 뒤 각자의 삶을 살아가기로 한다. 그러나 대부분의 경우 문제가 말처럼 쉽게 풀리지 않는다. 대개는 한 사람이 비참하게 버림받으며 끝나기 때문이다. 누구나 자기 자신이나 주변 사람들의 경험을 통해 이런 사실을 잘 알고 있을 것이다.

이미 끝난 사랑도 사랑이었음을 인정하는 것은 무척 어려운 일이지만 동시에 어떤 경우에든 도움이 되는 방법이기도 하다. 헤어지고 나면 도대체 그 사람의 어떤 점에 끌렸었는지 의문이 들 터이나 그렇게 만들었던 무언가는 분명 있었을 것이다. 그러니 과거의 연인은 물론 새로운 연인과도 차분하고 예의바른 태도로 마주하라. 현재의 연인은 대개 이 상황에서 할 수 있는 게 없다. 어쩌면 전 연인이 품위를 지키지 못하고 상호 비방과 비난, 도발의 악순환으로 당신을 끌어들이려 할지도 모른다. 절대 그에 휘말리지 마라. 진흙탕 싸움에 휘말리면 당신까지 더러워지고 만다. 휘말리느냐, 휘말리지 않느냐의 유일한 차이는 전자의 경우 상대방이 재미를 본다는 것뿐이다.

미국의 소울가수 베티 라베트Betty LaVette는 전 연인과 우연히 마주치는 상황에 대비해 1965년에 이런 노래를 불렀다.

When you pass me by, say hello once in a while

When you pass me by, does it hurt so much to smile?

가사 그대로 옛 연인과 스쳐 지나가게 되면 한 번쯤 인사를 건네라. 스쳐가며 짧은 미소 한 번 건네는 게 그리 힘든가? 상처가 아물고 양쪽 모두 이별을 받아들였다면 미소 띤 얼굴로 인사를 건네는 것이 가장 적절한 태도다. 그러나 관계가 그리 깔끔하게 끝나지 않아 아직 앙금이 남았다면 억지로 미소 지으려 하지 말고 무심하게 인사만 건네라. 이때는 상대방이 미소를 도발적인 비웃음으로 받아들이는 일이 발생하지 않도록 주의해야 한다.

품위 있게 대면할 마음의 준비가 아직 되지 않았다면 전 연인에게 이를 확실히 이야기하라. 무조건 도피하는 것보단 낫다. 주잔네와 같은 상황에 처했을 때는 '나 메시지'를 사용해 이렇게 말하길 제안한다. 반대로 당신이 이런 요청을 받는 입장이라도 받아들여야 한다.

- "난 오늘 이 자리를 즐기고 싶어. 당신이 말을 걸면 불편하니까 내게 시간을 조금 주었으면 해."
- "나와 당신 친구들이 겹치다 보니 앞으로도 종종 마주칠 것 같아. 그렇다고 내 친구들까지 잃고 싶지는 않거든. 우린 성인이니 앞으로도 품위 있게 서로를 대했으면 좋겠어."
- "아직은 당신을 보는 게 괴로워. 얘기를 나누고 싶은 마음도 없고. 그러니 점잖게 서로 못 본 척하는 게 어때?"

관계가 끝난 뒤 두 사람만의 은밀한 일을 발설하거나 의도적으로 퍼뜨리는 것은 금물이다. 전 연인 앞에서 새로운 연인을 자랑하는 일, 전 연인을 헐뜯고 현재의 연인과 비교함으로써 해묵은 관계를 평가 절하하는 일, 새로운 연인 앞에서 공공연히 그를 험담하는 일도 마찬가지다. 또한 상대방이 당신과 더 이상 연락하고 싶어 하지 않는다면 이를 받아들여라.

당신은 성인이다. 실망과 이별은 고통스럽지만 삶의 일부다. 당신은 이 두 가지를 견뎌야 하는 유일한 인간도 최초의 인간도 아니며, 최후의 인간은 더더욱 아닐 것이다.

더하여

. . .

불행하게도 종종 이성이 결핍된 사람들이 옳지 못하거나 불건전한 욕구를 표출하는 경우가 있다. 입에 담기조차 불편한 정신적·신체적 폭력과 같은 것들 말이다. 당신에게 이런 폭력이 가해졌다면 반드시, 그리고 지체하지 말고 전문가의 도움을 구하라. 신속한 신고는 당연하며, 반드시 이루어져야 한다. 현재 쫓기거나 위협 받고 있는 상황이라면 주저하지 말고 112로 신고하라.

좋아, 하지만 다음엔

. . .

내 의견이 집단의 의견과 다를 때

항상 명랑하던 딸아이가 어느 날 갑자기 유치원에 가는 것을 거부했다. 몇 주 전까지만 해도 등원하자마자 가방을 교실 가방걸이에 던지다시피 하고는 자기 반으로 사라지던 아이였다. 그랬던 날이 있었던가 싶을 정도로 아이의 열의는 완전히 사그라져 있었다. 이후에는 점심 무렵 하원하고 나면 눈에 띄게 홀가분해 보였고, 행동도 어딘지 이전보다 조용했다. 아이는 '사자반'이었는데, 적응 기간부터 지금까지 별다른 문제없이 아주 잘 지내고 있었다. 많은 친구들에 둘러싸여 어울리고 함께 놀 수 있다는 게 아이에게는 크나큰 기쁨이었다.

아내와 나는 얼마간의 시간이 흐른 뒤에야 이 꼬마 공주를 변하게 만든 게 무엇인지 알아낼 수 있었다. 듣자 하니 같은 반에 아주 자신감 넘치는 아이가 새로 들어온 게 발단이었다. 딸아이 말로는 그 아이가 온 뒤로 모두들 '그 애가 원하는 놀이만' 하게 되었다고 한다. 요리조리 캐물은 끝에 마침내 이유를 찾아낸 우리는 몇 번의 대화와 간단한 규칙 정하기, 그리고 선생님들의 도움으로 신속하게 문제를 해결할 수 있었다. 아이의 유치원 생활은 다시 즐거워졌고, 우리 부부도 더 이상 걱정을 하지 않게 되었다.

그러나 아이들에게서는 이렇듯 쉽게 해결되는 문제가 어른들의 일로 넘어오면 해결하기가 어려워진다. 집단 내에서 자신의 의견을 피력하고 바라는 것을 드러내는 걸 어려워하는 사람들이 많기 때문이다. 그래서 어른들도 이런 상황에 처하면 내 딸아이와 마찬가지로 좌절감에 휩싸인다. 게다가 성인에게는 옆에서 성심껏 도와줄 선생님이 없다.

앞에서도 수차례 언급했지만 인간은 사회적 존재다. 집단에 소속되기를 바라고, 그 안에서 배척당하지 않기를 바란다. 그래서 가능하면 갈등에 휘말리지 않으려 하고, 집단의 의사에 반하는 의견을 내지 않으려 한다. 그러나 열심히 고개만 끄덕이고 매사에 무조건 찬성하면 모두가 좋아할 것 같은가? 그렇게 하면 당신이 원하는 모든 것을 얻어낼 수 있을 것 같은가? 아니다. 내게 "자, 미하엘 씨, 지금껏 내가 원하는 대로만 했으니 이번에는 당신이 원하는 대로 하세요"라고 말한 사람은 지금껏 한 명도 없었다. 어쩌다 그런 일이 있다 해도 나는 그런 사람의 호의에 좌지우지되고 싶은 마음이 없다. 당신도 마찬가지일 것이다. 그러니 당신의 의지를 밀고 나가도 괜찮다. 당신의 목표와 이해를 인지하고 원하는 바를 관철하라. 당신의 이해가 반대에 부딪힌다면 더더욱 그렇게 해야 한다. 다음 몇 가지 조언을 새기고 실천해보라.

다양한 상대와 상황에 대비하는 다섯 가지 방법

Ⅰ 논점을 정리하라

당신의 목표는 어떻게 정당화되는가? 당신의 제안은 어떤 점에서 상대방에게도 이득이 되는가? 사전에 어떤 논점을 내세울 것인지는 물론 상대방이 당신의 제안에 맞서 어떤 주장을 할 것인지도 생각해보라. 그러면 논쟁에서 한 발 앞서게 된다. 가장 중요하고 강력한 논점을 먼저 내세워라. 상대적으로 설득력이 약한 논점은 중간에 끼워 넣어라. 그리고 다시 탄탄한 논점으로 변론을 끝맺어라.

Ⅱ 신체언어를 활용하라

이번 사안이 당신에게 중요하다는 사실을 상대도 확실하게 느낄 수 있어야 한다. 움츠러들지 말고 머리를 높이 든 채 곧고 바른 자세를 유지하라. 상대방과 시선을 맞추되 공격적으로 노려본다는 인상이 들지 않게 하라. 시선을 몇 초 동안 맞추고 있다가 거두어라. 이런 행동은 자신감을 보여준다.

Ⅲ "아니오"라고 말하라

당신의 가치를 깎아내리지 마라. 상대방의 제안에 한 번쯤은 "아니오"라고 말할 수 있어야 한다. 필요하다면 두 번도 상관없다. 이 부분에서 분명 협상의 여지가 생긴다.

Ⅳ 가정법은 피하라

가정법을 사용한 문장, 이를 테면 "……했으면 좋겠네요." "……하면 ……할 수도 있을 것 같습니다." "……했더라면 저도 ……했을 텐데요" 같은 표현은 당신의 약점을 드러낸다. 논점을 무력화시키는 애매한 표현이 아닌 "나는 ……한 이유로 ……를 원합니다"와 같이 명확한 '나 메시지'를 사용하라.

Ⅴ 이해심을 보여라

당신이 상대방은 물론 그의 이해관계까지 존중하고 있음을 보여주어라. 그렇다고 이해를 가장하라는 말은 아니다. 상대방의 주장을 진정으로 이해하면 당신에 대한 상대방의 수용도 자연히 높아진다.

다양한 이해를 조율하다 보면 한 가지 의견만 관철되고 다른 의견은 묻혀 버리는 일은 발생하지 않는다. 대부분의 경우 타협안이 나오기 마련이다. 예컨대 당신은 사우나에 가고 싶은데 친구들은 골프를 치고 싶어 한다면 이번에는 다 같이 골프를 치고 다음 주엔 사우나에 가는 식의 합의가 생겨나는 것이다. 이때는 이런 표현을 참고하라.

- "그럼 이번 주엔 나도 골프를 칠게. 대신 다음 주엔 사우나에 가는 거다."
- "좋아요. 이번 주말에는 당신 어머니를 뵈러 가요. 대신 다음 주말은 우리 둘이서만 보내야 해요."

더하여

. . .

당신의 이해가 반영되게 하는 데 필요한 것은 약간의 용기와 표현뿐이다. 그러니 용기를 가져라. 그리고 표현하라. 나와 아내는 당시 딸아이에게 진심을 담아 "너는 멋지고 사랑스러운 사람이야!"라고 말해주었다. 당신도 마찬가지다. 당신의 의견, 당신의 필요는 다른 모든 이들의 것만큼이나 중요하고 가치 있다. 당신의 말 또한 귀 기울일 가치가 있다.

지금은 시간을 내기 어렵군요

· · ·

뜻밖의 손님 거절하기

몰타 섬으로의 여행을 앞두고 정보를 얻을 요량으로 친구 부부를 저녁 식사에 초대했다가 곤란한 일을 겪었던 일화를 기억하는가? 아름답게 마무리되었다고는 할 수 없는 자리였다. 그럼에도 내가 항상 손님을 반갑게 맞아줄 것이라 믿는 사람들이 여전히 있다는 것은 놀라운 일이다. 오해할까봐 강조하는데, 나는 손님을 초대하는 걸 무척 좋아하는 사람이다. 다만 늘, 그러니까 매번 그렇지 않을 뿐이다.

가끔은 나도 혼자만의 시간을 보내고 싶을 때가 있다. 아이들은 아이들 대로 잘 놀고 있고, 나는 좋게 말하면 편한 차림이지만 나쁘게 말하면 절대 밖으로는 나가지 못할 꼴을 하고 있지만 말이다. 사실 나가고 싶은 마음도 없다. 그저 조용히 혼자 휴식을 즐기며 와인을 마시고 싶을 뿐이다.

예상하겠지만, 이런 평화로운 시간은 오래 가지 못한다. 꼬장꼬장한 집 사라든지 험악한 맹견이 우리 집 대문을 24시간 내내 지키고 있는 것도 아니고, 아내조차도 "여보, 저 사람이 당신을 찾는데?"라고 말하니 어쩔 수 없지 않겠는가.

물론 좋은 사람들이 나와 시간을 함께 보내고 싶어 한다니 기분이 나쁘지는 않다. 엄밀히 따지면 기쁜 일이다. 다만 예고 없이 찾아와도 괜찮은 것은 상대방이 아주 친한 친구이거나 가까운 가족인 경우뿐이다. 그런즉 뜻밖의 손님을 돌려보낼 때 당신이 알아야 할 가장 중요한 점은, 불시에 찾아온 사람을 집 안으로 들이지 않는다고 문제될 것이 없다는 사실이다. 게다가 우리는 언제 어디서든 스마트폰과 메신저를 사용할 수 있지 않은가. 이런 세상에서 사전에 양해를 구하는 것은 선택이 아닌 필수이며, 개인적인 경험에 의하면 당연한 일이다. 어쨌거나 요즘은 예고도 없이 무작정 찾아오기보다는 미리 연락을 하고 약속을 잡은 뒤 찾아오는 경우가 대부분이다. 그러나 전자에서든 후자에서든 두말없이 거절이 받아들여져야 함은 물론이다. 이때 무례한 사람은 거절하는 쪽이 아니라 갑작스럽게, 혹은 연락조차 않고 불쑥 들이닥친 쪽이다. 어쨌든 나를 보기 위해 시간을 내서 찾아온 사람이 아닌가.

물론 집까지 찾아온 손님을 돌려보내는 마음이 편할 리는 없다. 그러나 당신에게도 손님을 들이고 싶지 않은 이유가 있을 것이다. 뜻밖의 손님을 거절할 때는 초대를 거절할 때와 마찬가지로 기본 원칙에 유의하라. 명확하고 단호한 태도를 취하는 것이다.

문 앞에 온 손님을 돌려보내는 단계별 방법

┃ 1단계

당신과 어울리고 싶은 누군가가 있다는 것은 기분 좋은 일이다. 그 기쁨을 숨김없이 표현하라.

- "아이고, 찾아줘서 고마워요."
- "정말 뜻밖인데요?"
- "와아, 반가워요. 정말 오랜만이네요."

┃┃ 2단계

명확한 '나 메시지'로 거절 의사를 전하되 오해의 소지가 없도록 상대를 집 안으로 들이기 어려운 이유를 설명하라. 사실대로 말할 경우, 예컨대 찾아온 사람이 내키지 않거나 더 좋아하는 사람들을 만날 예정일 때 상대방이 상처받을까봐 걱정된다면 선의의 거짓말도 고려할 수 있다.

- "안타깝지만 선약이 있어서 오늘은 어렵겠어요."
- "미안한데 오늘은 안 될 것 같아. 어머니 댁 정원 손보는 걸 같이 하기로 해서 가봐야 하거든."
- "아쉽지만 요즘 스트레스가 많이 쌓여서 오늘은 혼자 시간을 갖기로 미리 계획해두었어요."

⫼ 3단계

향후에 기꺼이 만날 의사가 있음을 전하고, 당장은 거절할 수밖에 없는 아쉬움을 명확히 표현하라. 경우에 따라 대안을 제시하는 것도 좋다.

- "다음번에는 꼭 시간이 맞았으면 좋겠네요. 미리 전화 주세요."
- "내가 다음주에 너희 집으로 가도 될까?"
- "그럼 즐거운 시간 보내세요. 다음에는 저도 꼭 함께할게요."

더하여

· · ·

이번에도 당신의 의사를 밀고 나가야 한다. 아니면 정말로 시간이 허락할 경우에 한해 한 번쯤 양보하는 것도 괜찮다. 좋은 친구들과 즐거운 시간을 보내는 것보다 좋은 일은 드물잖은가.

"에이, 여기까지 왔는데 그냥 들어와!"

다음 환자분!

● ● ●

인내심을 시험하는 병원 대기실에서

병원 대기실에 앉아 있을 때 당신은 어떤 유형에 속하는가? 최대한 눈에 띄지 않게 들어가서 시선을 내리깔고 맨 뒷줄 구석자리에 조용히 앉아 있는 스타일인가? 아니면 "안녕들 하십니까?"라고 우렁차게 인사하며 들어서서는 무릎에 어린아이를 앉힌 어머니와 딸기코 노인 사이에 꿍 소리까지 내며 비집고 앉아 앞사람과 거리낌 없이 대화를 주고받을 만큼 털털한 사람인가?

사실 나는 대기실에서 마주치는 사람들이 어떤 유형이든 개의치 않는다. '치근거리는 유형'만 아니라면 말이다. 옆 사람에게 바싹 다가앉아 주절주절 말을 쏟아내는 사람들이 그 주인공이다. 이런 유형은 남녀를 막론하고 있기 마련이며, 나이는 대개 마흔 살 이상이 많다.

반대로 대기실에서 내가 가장 선호하는 유형은 감염을 예방해주는 수술용 마스크를 꾹꾹 눌러쓴 채 사람들에게서 가능한 멀리 떨어져 앉아 있는 사람들이다. 이런 모습이 예민하고 과하다고 생각하는 사람도 있겠지만 따져 보면 타인들을 매우 배려하는 행동이다. 어떤 병원이든 대기실에서의 배려는 매우 중요하다. 결국은 모두 몸 어딘가가 불편해 의사를 찾아온 사람들이니 그렇잖아도 알게 모르게 스트레스를 받고 있을 것 아닌가. 몇 가지 규칙만 유의한다면 피치 못할 대기 시간을 한결 편안하게 보낼 수 있을 것이다.

오랜 대기 시간을 견디는 법

▎ 어디에 앉을까

대기실에서는 상황이 허락하는 한 타인들과 거리를 두어야 한다. 특히 감기나 독감이 유행하는 계절에는 거리 두기가 당신과 타인 모두를 지켜준다. 그 외의 경우에는 그냥 아무 곳이나 빈자리에 앉으면 된다. 빈자리가 없을 경우 몸 상태가 괜찮다면 서서 기다려도 되지만 좋지 않을 경우에는 접수 담당자에게 의자를 요청하라. 꼭 필요해 보이는 사람에게 자리를 양보하는 것은 당연한 일이다. 예전에는 '젊은 쪽이 연장자에게, 남성이 여성에게' 양보하는 것이 관례였지만 이제는 '더 많이 아픈 사람', '서 있기 힘든 사람'에게 자리를 내주는 것이 원칙이다.

‖ 기다리고, 기다리고, 또 기다리고

기다리는 것 자체는 문제가 아니다. 다만 대기실에 있을 때 하지 말아야 할 것이 몇 가지 있다. 먼저 다른 사람들에게 방해가 되는 스마트폰 사용은 자제한다. 벨소리 역시 무음으로 설정해야 다른 사람에게 방해가 되지 않는다. 이어폰을 끼고 있더라도 옆 사람에게 방해되지 않도록 음을 낮추는 것이 좋다. 통화할 때는 대기실 밖으로 나가서 하는 것이 예의다.

말조심도 필수다. 상대를 향해 건강을 챙기라는 등의 이야기는 의미가 없다. 재채기나 기침, 위장에서 울리는 꾸르륵거리는 소리에 관해서도 언급하지 마라. 자기 몸에서 나오는 소리에 남들의 주의가 쏠리는 것을 좋아할 사람은 없다. 종종 집요한 대화를 시도하는 사람들이 있는데, 이거야말로 상대방에게 곤욕스런 일이다. 그가 단답형으로 대답하거나 아무 반응도 보이지 않는다는 건 가만히 내버려두라는 소리다. 질병이나 그 병원 의사의 실력에 관한 얘기도 금물이다.

생리 현상에도 주의를 기울여라. 재채기를 할 때는 반드시 입을 가려야 한다. 손으로 입만 가려도 공기 중에 바이러스가 확산되거나 물건에 묻는 것을 막을 수 있다. 이는 대기실뿐만 아니라 모든 장소에서 지켜야 할 원칙이다.

‖ 아직 한참 남았네

예약하지 않고 병원에 갈 때는 대기 시간이 길어질 것을 감안해야 한다. 예약을 하면 아무리 진료가 지연된다 한들 30분에서 1시간을 넘기지 않는다. 그러나 이는 상황이 순조롭게 흘러갈 때의 얘기다. 감기가 유행하는 계절에는 이런 예상이 통하지 않는다. 당신보다 훨씬 나중에 온 사람이 먼저 들어가는 일도 벌어진다. 그렇다고 예약 명단을 확인하게 해달라고 요청하거나 접수대로 돌진해 병원 방침을 알려달라고 큰 소리로 따질 수는 없지 않은가. 이럴 땐 직원에게 물어보면 된다.

- "○○시부터 기다리는 중인데, 혹시 제 이름이 누락된 건 아닌지 확인해주시겠어요?"
- "바쁘신 것도 이해하고 다른 환자와 순서가 바뀌었다고도 생각지 않지만, ○○시부터 기다렸습니다."

문의할 때는 언제쯤 당신의 순서가 올지 가능한 정확히 대답해줄 것을 요청하라. 그리고 이 시간이 지나도 차례가 돌아오지 않으면 조금 더 강하게 항의해도 괜찮다.

- "감기 때문에 치료를 받으러 왔는데 더 기다리다가는 엉덩이 종기 치료를 받아야 할 것 같군요."

IV 귀찮다고요

치근대는 사람은 상대방의 마음 따위는 아랑곳하지 않는다. 누군가 당신에게 치근댈 때는 무시하거나 잡지에 얼굴을 파묻는 것도 한 방법이다. 이 방법이 소용없다면 명확하게 의사를 표현하면 된다. "지금은 누구와 이야기할 기분이 아니니 양해해주세요."

더하여

· · ·

가장 좋은 방법은 대기실을 가능한 피하는 것이다. 그래서 나는 접수할 때 아예 담당자에게 휴대폰 번호를 남기고 내 차례가 가까워지면 전화를 해달라고 부탁한다. 이 방법이 의외로 아주 잘 통해서 나는 근처에서 차를 마시거나 볼 일을 보며 대기 시간을 보내곤 한다.

진정하세요!

· · ·

공격적인 사람에게 대응하기

당신은 스스로를 호전적인 사람이라고 생각하는가? 아마도 대부분은 그렇지 않을 덴데 그럼에도 엄청난 분노에 휩싸여 마구 날뛰며 화를 낸 경험은 있을 것이다. 나 역시 머릿속에서 뭔가가 툭 끊기며 폭발한 적이 있다. 이럴 때는 자신에게 일어난 상황이 지극히 예외적임을 파악하는 것만으로도 공격성을 다스리는 데 큰 도움이 된다.

얼마 전 마트에 간 나는 앞에서 언급한 빵집에서의 에피소드와 유사한 상황을 목격했다. 보아하니 사건의 주인공은 그날 일진이 썩 좋지 않은 모양이었다. 출근길에 잠깐 우유를 사러 들른 참이었으니 아직 이른 시간이었는데도 말이다. 게다가 하필 여러 가지 좋지 않은 상황이 겹치는 바람에 생각보다 시간이 지체되고 있었다. 첫째, 정원용 가구를 특별 할인하는 날

이어서 이를 사기 위해 몰려든 사람들로 일찍부터 마트가 북적였다. 둘째, 그 마트의 컴퓨터 시스템이 제대로 작동하지 않아 49센트인 1리터짜리 우유의 가격이 59센트로 계산되었다. 셋째, 계산대가 한 군데만 열려 있었는데, 정원용 가구를 사려는 사람들 때문에 그나마도 줄이 엄청나게 길었다. 줄의 맨 앞쪽에서는 나이 지긋한 부인이 우유를 가지고 49센트니 59센트니 옥신각신하느라 소란스러웠다. 지점장을 불렀지만 그 역시 IT팀 담당자에게 문의해야 해서 문제는 좀처럼 해결될 기미가 보이지 않았다.

마침내 인내심이 한계에 달한 한 남성이 폭발했다. "빌어먹을 장사꾼들"이라며 욕설을 내뿜던 남성은 진정하라며 말리는 나에게 즉각 분노의 화살을 돌렸다. 여기서는 그날 아침 내가 겪은 것처럼 공격적인 사람과 뜻밖의 시비가 붙었을 때 대응할 수 있는 방법을 공개한다.

공격성에 맞서는 다섯 가지 전략

┃ 조기에 진화하라

주위 사람들에게 주의를 기울여라. 나쁜 날씨와 마찬가지로 화도 사전에 징후를 보인다. 주의 깊게 관찰하거나 귀를 기울일 줄 아는 사람이라면 극도로 참을성 없었던 그 남성에게서 드러난 예고 신호, 예컨대 동요나 상기된 얼굴, 불특정 상대를 향해 언짢은 기색을 표출시키는 행동을 사전에 알아챘을 것이다.

II 내적 거리 두기를 하라

다른 누군가의 분노가 당신과는 하등의 상관조차 없는 경우가 있다. 이를 의식하는 것은 상황에 대처하는 데 큰 영향을 미친다. 평정을 유지하려면 내적으로 거리를 두는 일이 매우 중요하다. 내적 거리 두기는 타인의 공격에 맞서는 최고의 방패다.

III 상대방의 말을 경청하고 이해하려고 노력하라

이런 상황에서는 분위기가 더 악화되지 않도록 주의해야 한다. 상황이 악화되는 가장 큰 이유는 상대방의 말을 경청하는 능력이 부족한 데 있다. 그러니 상대방의 입장을 이해하려고 노력해보라. 듣는 중에 대답할 궁리부터 해서는 안 된다. 진정 이해하려는 마음으로 공격적인 사람의 시각에서 상황을 보려고 노력하라. 그의 입장에 스스로를 이입해보고 상황에 어떻게 대처해야 할지 고민하라. 당신이 자신을 이해하려 노력하고 있다는 사실만으로도 그는 기세를 누그러뜨릴 것이다. 이런 표현을 써보라.

- "당신 마음도 이해합니다. 그런데 계산하시는 분이 안쓰러워요."
- "화가 나는 것도 당연하지요. 누구나 그렇겠지만 귀한 시간을 이렇게 허투루 쓰고 싶지는 않으니까요. 그런데 그렇게 언성을 높이시니 옆에서 듣기가 불편하군요."
- "이제 화가 조금 가라앉았나요? 아직 화가 안 풀리셨다면 저와 한두 마디 나누며 기분 푸시죠."

264

IV 앙갚음하고 싶은 마음을 억누르라

누군가 당신에게 부적절한 행동을 하면 앙갚음하고 싶은 마음이 들기 마련이다. 그러나 상대의 행동에 반응하기보다는 능동적으로 행동하는 것이 바람직하다. 공격적인 상대방에게 반응하다 보면 그가 상황을 지배하게 된다. 반면에 능동적으로 행동하면 당신이 상황에 영향력을 발휘할 수 있다. 당신은 존중받을 권리가 있다. 그러니 상대방에게 이 사실을 분명히 전달하라.

- "선생님과 달리 저는 내내 아주 정중하게 행동했습니다. 해결책을 찾으려면 태도를 조금 누그러뜨리셔야 할 것 같군요. 어떻게 생각하십니까?"
- "저도 선생님의 입장을 이해해 보려고 노력했어요. 그런데 계속해서 폭언을 하시면 더 이상 듣고만 있지는 않을 겁니다. 차분하게 말씀하시면 계속 대화를 나눌 용의가 있습니다."
- "그쪽이 그렇게 흥분하니 저도 슬슬 심기가 불편하군요. 진정하시죠."

V 선을 긋고 안전을 확보하라

어떤 상황도 이유 없이 촉발되지는 않는다. 누군가 예의를 지키지 않고 부적절하게 행동한다면 이를 내버려둘 이유가 없다. 격분한 사람으로 인해 위협을 느낀다면 자신의 판단을 믿는 것이 좋다. 안전하지 못하다는 직감이 들거나 당신이 해결할 수 있는 문제가 아니라고 생각될 경우 즉각 해당 장소나 상황에서 벗어나라. 그리고 주변 사람들에게 도움을 청하라.

- "도와주세요. 저 사람이 저를 위협해요."

- "저 사람에게서 위협당하고 있는데 경찰을 불러주시겠어요?"

더하여

. . .

　그날 나는 3번 방법만으로도 남성의 태도를 누그러뜨리기에 충분했다. 이로써 2천년도 더 전에 로마의 작가 푸블릴리우스 시루스Publilius Syrus가 했던 '분노는 노여움으로 시작되어 후회로 끝난다'는 말이 적절히 증명된 셈이다. 그 남성에게 이 책의 〈정말 미안해요〉 장을 읽어보라고 추천하고 싶었지만 아쉽게도 그는 내 마음도 몰라준 채 서둘러 자리를 떠나버렸다.

감사의 말

. . .

감사의 말

이 책은 제가 글을 쓴 지 7년째 되는 해에 나온 일곱 번째 책입니다. 독자들의 피드백을 무척이나 소중하게 여기는 만큼, 그간의 강연 경험을 독자들과 나눌 수 있다는 점에서 제게는 더 할 나위 없는 기쁨입니다.

이 책을 집필하는 동안 저와의 시간을 수없이 양보해야 했던 가족에게 가장 큰 감사의 마음을 전하고자 합니다. 알레시아, 엘리스, 리브 프레야, 커다란 애정과 인내심을 보여주고 지지해줘서 정말 고마워.

마찬가지로 함께 작업하는 동안 제게 신뢰를 보내주고 전문성을 발휘해주신 귀터스로어 출판사의 관계자 분들께도 감사의 말씀을 전합니다.

토마스 마이어 씨에게도 감사하는 바입니다. 마이어 씨는 베스트셀러 《생선은 머리부터 악취를 풍긴다Der Fisch stinkt vom Kopf》를 작업할 때부터 편집자로서의 능력을 발휘해주셨습니다. 이 책《무례한 사람들의 말에 말려들지 않는 법》의 한 문장 한 문장에는 그의 땀과 노고가 깃들어 있습니다. 마이어 씨의 전문성과 솔직한 피드백에 감사드립니다.

쾰른의 요헨과 레아 마스에게도 애정 어린 감사를 보냅니다. 두 분이 보내주신 의견과 아이디어 덕에 이 책의 구성안이 만들어졌습니다. 두 분의 의견은 내게 매우 값진 것이었습니다.

이 책이 만들어지기까지 각각의 방식으로 기여해준 내 연구소 직원들에게도 감사드립니다. 고마워요, 마티나 쿰머, 제니퍼 레.

스승이신 롤프 H. 룰레더 박사님께 이 책을 바칩니다. 저는 스승님께 큰 빚을 지고 있으며, 오랜 세월이 흐른 지금도 스승님께서 건설적이고 솔직한 조언자이자 코치로 든든한 버팀목이 되어 주심에 감사할 따름입니다.

독자들에게도 무한한 감사를 전합니다. 여러분이 아니었더라면 저는 그 무엇도 이룰 수 없었을 것입니다. 여러분의 신의와 애정은 저에게 언제나 동기를 부여해줍니다! 함부르크의 독자 율리아님, 프리데리케 E. H.님, 밤베르크의 독자 앙겔라 K.님을 비롯해 세미나 그룹 '샴페인'의 모든 멤버에게 감사드립니다. 바르셀로나에서 열린 세미나에서 여러분과 나눈 대화는 이 책에 대한 아이디어를 잔뜩 제공해주었습니다. 헨드릭, 뤼디거, 토마스, 파비안, 알렉산더, 안토니아 모두 감사해요.

친구 클라우스 슈티어링거에게도 고마운 마음을 전합니다. 클라우스, 자네를 통해 가장 중요한 것이 무엇인지 배웠네. 정신없는 때일수록 침착하게 행동하는 일이 바로 그것이었지. 자네는 내게 단순한 친구 이상의 의미를 지닌, 비바람에도 꿈쩍 않는 바위 같은 존재이자 정신적 지주일세.

밤베르크의 모든 친구들에게도 감사드립니다. 도시마케팅 협회 동료들, 축구클럽 '포스트 SV'의 동료들 모두 감사합니다. 직업적인 이유로 고향을 찾는 일이 많지 않음에도 저는 여러분과 항상 맺어져 있고 환대받는다는 느낌을 받습니다. 이는 내게 매우 커다란 의미를 갖습니다.

아주 특별한 '프렌즈' 모임에도 특별한 감사를 보냅니다. 치과의사 안투, 스벤 포세와 그의 아내 율리, 빈센트. 슈테파니 하인, 미하엘 마이어 교수, 자라, 에리카, 한지 쾨니히와 그의 다나, 잔드라 프리스와 그의 레니에게도 감사드립니다.

마티아스와 플로리안 콜베커에게도 무한한 감사의 마음을 전합니다. 두 분의 고객이자 웅변훈련가 자격으로 토스카나의 별장에서 이 책의 마지막 작업을 마칠 수 있었습니다. 두 분의 신뢰와 친절함에 감사할 따름입니다.

마지막으로 플렌스부르크에 계신 내 어머니, 아넬리 엘러스 여사와 게르하르트 할아버지를 향해 특별한 감사의 마음을 보냅니다. 두 분이 언제나 저와 제 가족의 곁에 있어 준다는 사실은 제게 그 무엇보다도 귀한 의미를 지닙니다.

무례한 사람들의 말에
말려들지 않는 법

초판 1쇄 발행일 2023년 4월 15일
초판 2쇄 발행일 2023년 4월 25일

지은이 미하엘 엘러스
옮긴이 이지혜
펴낸이 유성권

편집장 양선우
책임편집 윤경선   **편집** 신혜진 임용옥
해외저작권 정지현   **홍보** 윤소담   **디자인** 박채원
마케팅 김선우 강성 최성환 박혜민 심예찬
제작 장재균   **물류** 김성훈 강동훈

펴낸곳 ㈜이퍼블릭
출판등록 1970년 7월 28일, 제1-170호
주소 서울시 양천구 목동서로 211 범문빌딩 (07995)
대표전화 02-2653-5131   **팩스** 02-2653-2455
메일 loginbook@epublic.co.kr
포스트 post.naver.com/epubliclogin
홈페이지 www.loginbook.com
인스타그램 @book_login

로그인은 (주)이퍼블릭의 어학·자녀교육·실용 브랜드입니다.